Business Strategy / CEO FengShui

FENG

이수의
CEO 풍수 갤러리

SHUI

이수
Lee Soo

장서원
도서출판

Business Strategy · Fengshui

이 책의 내용은 2011년 매일경제신문사가 창간한 경제 월간지 '매경럭스맨'에 창간호부터 연재한 풍수 칼럼을 모아둔 것입니다. 지구촌의 변화하는 풍수패러다임의 최신 트렌드를 팔자명리를 토대로 상세히 기술한 내용이 주종을 이룹니다.

차례

[DBR]풍수와 사무공간

리더는 산만한 문가에 앉지 마라

좋은 풍수는 기분이 좋아지는 환경

리더의 자리는 문에서 먼 곳에

위치·구조 변경으로 풍수 교정

유럽인들도 풍수에 열광

화분은 동쪽이나 북쪽, 어항·분수는 북쪽·서쪽

리더는 산만한 문가에 앉지 마라

풍수(風水)는 크게 이기(理氣)와 형기(形氣)로 나뉜다. 근자에는 대만과 홍콩에서 부활한 현공(玄空·xuankong) 풍수가 각광받으면서 대세로 떠올랐다. 현공풍수는 이기풍수를 기본으로 하며, 기(氣)를 숫자의 조합으로 환산해 길흉화복을 판단하는 방법이다.

지금 본토(대만)의 현공풍수 대가로는 단연 중이 밍(鐘義明)의 명성이 높다. 이 사람은 원래 사주명리학자였다. 명리든 풍수든 예외 없이 동양 교학은 음양(陰陽)·오행(五行)·팔괘(八卦)·구성(九星)을 원리로 세워졌다.

독자 여러분, 별스러운 얘기는 이것으로 끝이다. 알 만한 인사는 알겠지만 필자는 명리를 학습해 온 사람이다. 명리에 비하면 풍수는 얼마든지 쉽게 말할 수 있다. 풍수는 어렵지도 까다롭지도 않다. '진리는 쉽다'는 말이 바로 이와 통한다.

좋은 풍수는 기분이 좋아지는 환경

풍수는 글자 그대로 '바람(風)과 물(水)'이다. '세찬 바람은 건강을 악화시키니 감추고, 돈을 부르는 물은 모은다는 장풍취수(藏風聚水)의 줄임말이 곧 풍수이다. 건물이나 주택을 지을 때 뒤에는 바람을 막는 산이나 언덕이 있고, 앞에는 강이나 개울 등 물이 있어야 함을 일컫는 배산임수(背山臨水)가 장풍취수의 전형이다.

이런 풍수를 설명하는 '언어'는 기(氣)다. 기는 복잡하게 정의하지 않아도 이해할 수 있다. 유럽인들이 보편적으로 받아들이는 그대로 생명의 근원(vital force) 정도로 이해해도 무방하다. 기는 바람과 같이 손에 잡히지 않고, 눈에 보이지도 않으며, 무게도 지니고 있지 않다. 그런데도 기는 알게 모르게 우리 생활 속에 있고, 생과 사에 직간접적으로 깊이 관여한다.

예컨대 누구나 자연스럽게 '기를 살리자' 또는 '기가 죽었다'라는 말을 한다. 사기(士氣), 분위기(雰圍氣), 생기(生

氣), 활기(活氣), 사기(死氣), 양기(陽氣), 음기(陰氣), 공기(空氣), 향기(香氣) 등 보통 사람들도 얼마든지 체감할 수 있는 것이 기다.

그렇다면 좋은 풍수는 무엇일까? 한마디로 기분(氣分)이 좋아지는 환경이다. 자연히 빼어난 경관이 좋은 풍수일 때가 많다. 무엇보다 기분이 절로 좋아지기 때문이다. 이렇듯 풍수는 기본적으로 인간의 심리를 반영하며, 수천 년에 걸친 경험을 집약한 생활과학의 요체다. 또 풍수의 기본이 되는 명리학은 자연의 흐름을 통계로 만들어 과학적으로 풀어낸 것이라 할 수 있다.

사무 공간 풍수는 '최고경영자(CEO)와 임직원의 기분이 사운(社運)을 좌우한다'는 것이 알맹이다. 이는 부자가 되는 비결처럼 간단한 것이다. 가장이 화목하고 배우자의 기분이 좋으면 절로 재복이 찾아온다. 아침에 화가 잔뜩 난 아내의 얼굴을 보고 출근길에 나섰다면 그날 하루의 일진(日辰)은 종친 셈이다.

리더의 자리는 문에서 먼 곳에

몇 해 전 한 은행의 업무혁신 팀은 지점 직원들이 퇴근한 객장에 몰래 들어가 밤새도록 벽면 도배와 바닥 청소, 형광등 교체, 간판 청소 등을 해놓는 '깜짝쇼'를 벌였다. 다음날 출근한 직원들은 감동했고, 이는 곧 능률과 애사심의 수직 상승으로 이어졌다. 이것은 풍수 관점에서 보아도 상당한 일리가 있다. 사무실 풍수는 청소와 수리로부터 시작한다.

쾌적한 환경이 기분과 직결되기 때문이다. 현관 입구가 지저분한 집은 예외 없이 재정적인 어려움을 겪기가 일쑤다. 풍수가들이 한 집안의 가계를 판단할 때에는 먼저 우편함의 상태부터 살핀다. 이곳이 지저분하면 집 안에 들어가서 확인하기 전에 미리 곤란한 재정 상태를 염두에 둔다. 이것은 배산임수와 같은 길지(吉地) 이전의 문제다. 풍수에서는 전반적으로 쾌적하고 깨끗한 환경이 우선이다.

다음으로 중요한 것은 리더(CEO와 각 부서 책임자)의 위치다. 기본적으로 리더의 자리는 현관이나 문에서 가장 멀리 떨어진 뒤쪽에 위치할수록 주인의 권위가 서게 마련이다. 기가 벽을 타고 흐르다가 건물의 모퉁이에서 응집되어 고양되는 까닭이다.

출입문으로는 사람뿐 아니라 바람도 출입하므로 문 가까이에 있으면 바람을 맞는 형상이 되어 좋지 않다. 자리가 정해지면 책상에서의 시선은 문을 바라보도록 하는 것이 정석 배치다.

이때 자리 주인이 에너지와 안정성이 강화된 느낌을 받는다면 이보다 좋을 수 없다. 게다가 자리가 권위를 세워주는 서북방이면 더할 나위가 없다. 이 이치는 카페나 식당에서도 산만한 문가보다 안쪽 자리에 앉은 사람에게 종업원이 좀 더 신경을 쓴다는 점에서 잘 알 수 있다.

풍수는 또 히스토리를 중시한다. 전임자가 승진했거나, 더 나은 직장으로 옮겼거나, 성공적인 경력을 쌓은 경우에는 책상을 바꾸지 않는 게 옳다. 반대로 해고나 좌천당했다면 당장 본인의 비용을 들여서라도 책상을 교체하는 게 정답이다. 의자도 마찬가지다. 책상과 의자의 형태도 살필 필요가 있다.

책상은 가능한 한 앞면과 측면의 패널 판이 바닥 아래에까지 내려와 막힌 게 좋다. 일부만 막히거나 평평한 판 아래 네 다리만 있는 책상은 사방에서 공격당하는 느낌을 주고, 시간이 흐르면 이것이 현실이 되기도 한다.

의자의 등받이는 빈틈이 없어야 한다. 의자 뒷면의 틈이 클수록 출세에 지장을 주는 요인이 된다. 앞에서 지적한 것과 같이 풍수의 기본은 '뒤는 막히고, 앞은 트여야'하는 것이다.

참고로 돈을 다루는 재무부서나 경리 담당 직원의 책상 위치는 서쪽 방향(정확히는 공간의 중심에서 팔방위로 나눠 45도 각도의 서쪽 공간)에 위치하는 것이 좋다. 서방의 금(金) 기운이 곧 재물과 연관이 깊고, 마르지 않는 재원(財源)을 의미하기 때문이다.

위치·구조 변경으로 풍수 교정

일반 직원들은 보통 자기 마음대로 사무 공간을 정할 수 없다. 하지만 최소한 업무에 방해가 되는 자리를 알고 풍수를 교정하는 노력을 할 필요는 있다. 풍수의 교정은 '없으면 구한다.'하는 현대 풍수의 패러다임을 상징한다. 즉 같은 지점의 풍수는 위치와 구조 변경으로 개선할 수 있다.(DBR Tip 참조)

업무 공간으로 적합하지 않은 자리 중 대표적인 게 창문을 등지고 앉는 자리다. 사무실에서는 견고한 벽(山)을 등지는 게 정석이기 때문이다. 창을 등지고 앉으면 밖의 시선이나 '뒤가 허한 느낌' 때문에 심리적으로 불안해질 수 있다. 이럴 때는 창가에 큰 관엽식물을 배치하거나 커튼(버티컬)을 설치해 안정감과 집중력을 높이는 것이 좋다. 피치 못할 경우 창문에서 적어도 1m는 떨어져 앉아야 한다.

또 자신의 책상 주변에 돌출된 코너나 각진 기둥이 가로막고 있다면 무슨 수를 써서라도 책상 위치를 바꿔야 한다. 코너의 뾰족한 면에 응집된 기는 마치 독화살과 같아 부지불식간에 주야로 살기(殺氣)를 뿜어낸다. 천장에 매달린 바늘 하나가 자신의 머리를 향하고 있다고 생각해 보라. 돌출된 코너의 정면과 마주하면 이것과 하등 다를 바가 없다.

이 경우에는 보통 조그만 거울을 공간 코너에 부착한 다음 거울이 자신의 책상을 비추게 하는 풍수 교정을 시도하면 좋다. 칸막이 사무실에서 머리 위 수납장도 좋지 않다. 이때는 수납공간을 따라 수정구(crystall ball)를 걸어 두는 게 좋다. 수정구는 산만한 기를 정화한다는 의미를 담고 있다.

재물운의 절대적 요소인 물이 없으면 수조나 어항을 가져다 놓으면 된다. 시간이 나면 인근의 백화점이나 호텔 등에 들러 그곳에 얼마나 많은 물이 있는지 살펴보라. 실내 분수와 수조, 워터스크린(waterscreen) 등에 이르기까지 사람과 돈을 끌어 모으겠다는 치밀한 풍수 방책을 곳곳에서 새삼 발견할 수 있을 것이다.

유럽인들도 풍수에 열광

이상과 같은 간단한 풍수의 수칙들은 결코 우스운 것이 아니다. 이미 서구인들까지 풍수에 열광하고 있으며, 지금 풍수는 큰 비즈니스가 됐다. 풍수라는 메가트렌드는 당장 인터넷을 통해 펑수이(fengshui)라는 단어 하나만 검색해 봐도 어렵지 않게 짐작할 수 있다. 구글에서 검색하면 무려 246만 개의 사이트가 나온다. 유럽 각국에서 활동하는 풍수 전문 컨설턴트 숫자는 상상을 뛰어넘는다.

최근에는 유럽 기업들도 풍수를 적극 도입하고 있다. 직원과 고객의 심리적 안정을 도와 기업의 성과를 높여 주는 풍수의 효용과 실내 인테리어에 쉽게 접목할 수 있는 동양적 참신성에 기업들이 큰 관심을 기울이기 때문이다.

독일 파크하얏트 호텔은 조화를 중시하는 풍수를 기반으로 내부를 개선한 결과 평균 객실 사용률을 70% 가량 높일 수 있었다. 슈퍼마켓 체인인 애트가도 풍수를 매장 인테리어에 적용해 좋은 성과를 거두었다고 전해진다.

영국 기업들은 풍수가 친근하다. 이는 홍콩과 맺은 밀접한 관계에서 연유한다. 브리티시 에어웨이, 버진 애틀랜틱, 아서 앤더슨, 오렌지, 막스&스펜서 백화점, 리츠 호텔 등 많은 기업이 풍수에 입각한 사무실 배치를 통해 직원들의 능률 향상을 꾀한 것으로 알려져 있다.

리츠 호텔은 사무실 위치 및 홀의 좌석 배치를 런던의 땅 기운과 조화시키기 위해 풍수를 응용했다고 밝혔다. 토니 블레어 전 총리의 부인 셰리 여사도 다우닝가의 총리 관저를 꾸밀 때 풍수 전문가들을 초빙해 화제를 모았다.

유럽에 비해 풍수를 늦게 받아들인 미국도 예외가 아니다. 미국의 유명 대학과 몇몇 연구소는 정식으로 풍수학을 연구하고 있다. 빌 클린턴 전 대통령이 풍수지리학자의 조언을 받아 백악관 사무실을 개조한 덕분인지 워싱턴 인근 지역에는 이제 풍수를 모르면 부동산업을 할 수 없다는 말이 나돌 정도다.

도널드 트럼프는 뉴욕 맨해튼 리버사이드 지역개발 때 풍수 전문가에게 자문을 받았고, 미국 부동산업자협회

(NAR)는 매년 풍수지리설에 대한 특별세미나를 열고 있다.

실리콘밸리 일대 기업들 사이에서 일어났던 풍수 신드롬은 여러 매체를 통해 수차례 보도됐다. 할리우드 스타들의 문화로 풍수가 떠오르면서 풍수는 로스앤젤레스(LA)에서도 유행이 됐다. 마돈나와 오프라 윈프리는 풍수의 신봉자임을 자처할 정도다.

미국의 유수한 언론 매체에서는 심심치 않게 풍수 칼럼이 등장하며, 이제는 미국과 유럽의 생활 풍수가 동양으로 역수입되기까지 한다.

독자들 중 풍수학도나 풍수전문가에게는 필자의 글이 풍수를 너무 가볍게 다뤘다는 인상을 줄지도 모르겠다. 그러나 현대의 풍수 사조를 가볍게만 보아서는 안 된다.

어떤 학문이든 수요가 있는 쪽으로 발달하는 것이 이치이기 때문이다. 풍수는 생활이므로 즐기고 체험하면 그만이다. 일반적 원칙을 적용해도 능히 훌륭하고 만족스러운 것이 풍수고, 이것이 풍수의 강점이다.

DBR TIP

화분은 동쪽이나 북쪽, 어항·분수는 북쪽·서쪽

사람이 앉을 위치와 방향이 정해지면 사무실의 생기(生氣)를 도모하는 풍수 교정(fengshuicure)을 시도해 보는 것이 좋다. 풍수 교정에는 만물계를 이루는 요소인 오행(五行-木火土金水)의 이치를 이용한다.

화분이나 싱싱한 식물은 목기(木氣)의 교정 도구로 생명력을 품어 성장과 번영을 암시한다. 그런데 아무 데나 두는 게 아니다. 木의 방향인 동쪽 벽면이나 木을 생(生)하는 북쪽(水) 영역에 두는 것이 옳다. 木을 극(克)하는 金의 영역인 서쪽 벽면에 화분을 두면 없는 것만 못하다.

스탠드나 양초, 붉은 색의 물건은 火의 소품이다. 화기(火氣)는 활동력을 높인다. 이런 교정물은 火의 영역인 남쪽이나 동쪽에 두는 것이 바람직하다.

도자기나 그릇 등은 모두 토기(土氣)의 소품이다. 이것은 공간의 중앙이나 남쪽 측면에 두는 것이 좋다. 안정과 평화를 가져온다. 금속류나 원형의 소품, 흰색의 그림 등은 다 금기(金氣)의 소품인데, 서쪽 벽면에 둔다. 금기는 창조와 규칙과 해결을 돕는 에너지이다.

수조와 분수 등 수기(水氣)를 상징하는 소품은 북쪽과 서쪽에 두는 게 좋다. 이때는 가능한 한 의자에 앉아 바라보는 방향으로 두는 게 최선의 배치이다. 물은 돈과 사람을 부르는 중요한 교정물이기 때문이다. 수조나 분수·어항 등이 마땅치 않으면 고요한 호수나 강의 그림·사진이라도 구해서 걸어두면 같은 효과를 기대할 수 있다.

매란국죽(梅蘭菊竹)의 사군자 그림도 각광받는 풍수 소품이다. 이들은 각각 춘하추동(春夏秋冬)을 대표하는 식물로, 아무 벽면에나 걸어 두는 게 아니다. 겨울의 매화도는 북쪽, 여름의 대나무 그림은 남쪽 등과 같이 배치하는 위치가 각기 다르다.

풍수에서 식물의 왕은 단연 대나무이다. 난을 선물하는 것도 좋지만 더 값싸고 관리하기 좋은 대나무 화분을 전해 보라. 조그만 대나무 화분에 붉은 리본이라도 하나 장식해서 전하면 이보다 길한 뜻이 담긴 선물을 찾아보기 힘들다. 재물운도 넘치고, 특히 심장병에 좋다. 아! 그리고 반드시 나침반을 들고 가서 남쪽 벽면에 적당한 지점을 찾아 놓아줄 정도의 배려라면 상대는 틀림없이 감동한다.

오행	木	火	土	金	水
방위	동	남	중앙	서	북
계절	봄	여름	환절기	가을	겨울
의미	생명, 성장	정열, 의욕	안정, 평화	결실, 창조	유동, 지혜

① 김병건 BK성형외과 원장 편

김병건 대표원장과 BK동양성형외과 사옥의 풍수

I had my office fengshuied

도로가 모이는 곳은 자연 길지(吉地)

서쪽 방위는 재물이 축적되는 음(陰)의 영역

돌멩이가 물을 맑게 한다

추상화보다는 정물화나 산수화, 동물 그림

TIP 김병건 원장의 사주로 본 풍수

서울 강남구 논현동에 위치한 BK동양성형외과는 꽤나 널리 이름이 난 곳이다. 날렵한 형세의 15층 본점 건물 3층에 위치한 조그만 집무실에서 이곳의 대표로 재직 중인 김병건 원장을 만났다. 소박하고 실용적인 인사라는 느낌이 들었다. 명성이 널리 드러나 있는 의사답게 깔끔하고 샤프한 인상의 소유자다. 계묘생(癸卯生)의 실제 나이에 비해 무척 동안이고, 금테 안경 속의 차분한 눈빛은 부드러운 가운데 차가움이 배였다.

팔자(八字)를 펼치니 식신(食神)의 성분이 왕(旺)하다. 이 점은 의식(衣食)이 보증된 복명(福命)임을 시사한다. 대개 자아가 비교적 강하고 자신의 가치나 생각이 옳다고 여기는 의식이 강한 성정의 소유자들이 많다.

김 원장은 병자일(丙子日) 무술시(戊戌時)에 태어났다. 입하(立夏)가 지난 사월생(巳月生)으로 자사(子巳)의 태지(胎地)에 묘(卯)의 형(刑)이 들었으니 태형이변(胎刑異變)의 꼴이다. 이러면 보통의 사람과는 차별되는 독특한 취향이나 영감이 있다.

인수(印綬)에 해당하는 묘(卯)라는 글자는 양 끝이 뾰족한 매스나 랜싯의 물상으로 여기에 형(刑)이 드니 의사는 곧 타고난 직업이자 직분으로 볼 수 있다. 당연 디테일에 강할 테고 유려한 솜씨로 환자의 기분(氣分)을 살리는 활인(活人), 명의(名醫)의 요건을 다 갖춘 셈이다. 병화(丙火)는 곧 태양과 같으니 겉은 화창하고 이상은 높다.

하지만 내면에는 자수(子水)의 수심(愁心)이 있다. 처궁(妻宮)은 귀한 배우자의 상을 갖췄지만 가정은 적막하다는 얘기다. 십이생초(十二生肖)에 子는 쥐고, 戌은 개다. 민속에 지지(地支) 한 글자에는 비단 하나의 동물만 배속되는 게 아니라 각각 세 마리씩 별러 십이지지 전체에는 총 서른여섯 가지의 동물과 곤충 등이 배당된다. 그래서 子는 쥐인 동시에 박쥐나 제비에 비유되기도 한다.

뒤러(Duerer)의 동판화 <멜랑꼬리아 1(Melencolia1)>에는 '우울'이라는 글자가 새겨진, 날개를 펼친 박쥐 한 마리와 그 아래로 굶주린 개 한 마리가 누워있는 모습이 인상적이다. 박쥐와 개는 침울하고 우울한 기상을 암시한다. 그래서인지 팔자 자(子)와 술(戌)이 있으면 예외 없이 멜랑꼬리(melancholy)한 기질을 품는다.

필자가 팔자를 세우자마자 김 원장을 바라보며 이런 점에 대한 얘기를 나눴다. 순순히 그렇다고 답한다. 세속적인 성공을 거머쥔 유명 의사도 얼마든지 내면의 우울함과 외로움을 느낄 수 있는 법이다. 우울한 기운이 침울한 상태로만 파고들지 않고 고독한 가운데 영감이 샘솟기 시작하면 특별한 창의와 독창이 나타난다. 바로 이점이 현재의 업적을 낳고 앞으로의 무궁한 발전의 토대가 되리라 여겨진다. 여러 가지를 치고 쭉쭉 뻗어나갈 기세다.

이제 팔자명리(命理)에서 풍수(風水)로 돌아갈 시간이

다. 풍수는 글자 그대로 '바람과 물'을 말한다. 바람은 건강, 물은 재물과 직결되는 키워드다. 풍수의 언어는 기(氣)다. 이 기는 바람을 싫어하고 물을 좋아한다. 바람이 세차면 기가 흩어지므로 바람은 피하고 물이 있는 곳에 기가 모이니 물을 기뻐하는 것이다.

'사람이 좋은 기운만 접할 수 있으면 자연 건강해지고 부자가 된다'는 사유가 풍수의 터 잡기 실천요강이 됐다. 이와 같이 바람을 잠재우고 물이 드는 장풍취수(藏風取水)가 풍수의 골자다. 건물이나 주택을 지을 때 지세(地勢)가 뒤로는 산을 등지고 앞으로는 물에 면하여 있는 배산임수(背山臨水)가 장풍취수의 전형이다.

한국 사람들은 전통적으로 배산임수의 남향집을 선호했다. 이런 곳에 살아야 건강을 잃지 않고 부자가 된다고 믿었기 때문이다. 그러니까 부자가 되는 방법이 의외로 간단하다. 좋은 풍수를 찾으면 되는 것이다. 복잡하게 생각할 필요가 없다. 부자가 되려면 부자들이 모여 사는 곳으로 이사를 가면 된다.

땅의 기는 고스란히 그곳에 사는 주민들에게 반영되기 때문에 인근 주민들이 잘 살고 번영한다면 그 지역은 대략 생기(生氣)가 활발한 곳으로 보면 얼추 틀림이 없다. 하지만 현실적으로 부자 동네로 이사하는 게 누구에게나

용이한 일은 아니다. 사정이 이렇다면 다른 방법도 찾아볼 필요가 있다. 구하면 다 통하는 법이다.

풍수(風水)는 얼핏 동양문화의 전유물로 여겨지기 십상이지만 꽤 오래 전부터 지구촌 전체의 문화 유형이 됐다. 동아시아 일대는 물론이고 서구 선진국에 이르기까지 풍수 열풍이 일고 있다. 당연한 현상이다. 이 세상에 풍수만큼 건강하고 부자가 되는 쉬운 비결을 제시하는 콘텐츠는 찾기 어려운 까닭이다. 공부를 잘 하거나, 혹은 선행을 통해 복을 구하는 것보다 백배천배 쉬운 게 풍수 실천이다.

서구인들의 풍수에 대한 관심을 가장 쉽게 알아보는 방법으로 지금 당장 인터넷 검색 창에서 풍수의 중국어 발음에서 따온 '펑쉐이(fengshui)'를 검색해보면 어느 정도 실감이 난다. 오늘날 풍수는 우리보다 서구인들에게 더 일반적인 문화 코드가 됐다.

일례로 6000만 인구의 80% 이상이 가톨릭 신자인 프랑스에도 풍수 바람이 거세다. 이곳의 대형 서점 프낙(Fnac)에는 '펑쉐이' 관련 서적을 따로 모아 놓은 코너가 있는데 그 종류가 독자들의 상상을 훨씬 뛰어넘는다.

독일이나 영국, 오스트리아, 이태리 등의 유럽 각국이나 호주도 마찬가지다. 비교적 풍수가 늦게 전파된 미국도 예외가 아니다. 서양에서 실제로 활동하는 풍수 컨설턴트를 찾는 일도 어렵지 않다.

미국부동산업자협회(NAR)는 매년 풍수에 대한 특별 세미나를 열고 있다. 유수한 신문 지면에는 '아파트 풍수 인테리어 방법(How to fengshui your apartment)' 등과 같은 풍수 칼럼이 심심치 않게 등장한다.

김병건 BK동양성형외과 대표원장. 단정하고 정교한 현침(懸針)의 실력자상이다.

I had my office fengshuied

새천년을 맞이하면서 실리콘밸리 일대의 기업들 사이에서도 풍수 신드롬이 일었다. 이곳의 신진 거부가 대저택을 구입하면서 부동산 회사에 주문하기를 가격은 따지지 말고 다만 풍수가 좋은 집을 구해 달라고 했다는 것. 그러자 너도 나도 앞 다투며 근무 환경을 쾌적하게 조성하는 풍수를 추종했다.

더욱이 풍수사상을 잘 따르면 재화가 창출될 수 있을 것이라는 기대까지 번져 바람이 인 셈이다. 여기에다 풍수컨설턴트의 지도에 따라 회사 내부 구조를 바꾼 뒤 바로 매출과 생산 기록을 갱신했다고 하는 '카더라 풍수'가 나돌면서 법석을 떨었다.

이후 풍수는 보편적인 용어로 자리를 잡았다. 미국 대통령의 집무실 인테리어를 풍수 전문가에게 맡겼다는 일화는 주류사회에서 널리 퍼진 얘기다. 근래에는 CEO들 사이에 자신의 사무실을 풍수에 맞게 배치했다는 뜻의 'I had my office fengshuied'가 일종의 자기 과시 예로 통한다.

내년 미국의 차기 대선 후보로 거명되는 부동산 재벌 도널드 트럼프도 풍수마니아로 이름이 높다. 적지 않은 수의 뉴요커들이 트럼프하면 풍수를 떠올릴 정도다. 흥미롭게도 그의 대중적 선호도가 기성 유력 후보들보다 높은 것으로 나타났다. 최근에 공개된 미 NBC방송과 월스트리트저널(WSJ)의 여론조사 결과에 따르면 트럼프는 선호도에서 미트 롬니 전 매사추세츠 주지사, 팀 폴렌티 전 미네소타 주지사 등 공화당의 잠재적 유력 후보들을 앞섰다.

트럼프는 뉴욕 맨해튼 리버사이드 지역 개발 때 풍수가에게 자문을 구했고 사업과 관련해 정기적으로 풍수 자문을 받는다. 정규직으로 풍수 컨설턴트를 채용했을 정도다. '트럼프월드타워'는 2001년에 완공된 목형(木形)의 건물로 전통적인 풍수 개념이 도입된 것이다.

전통적으로 풍수는 정방형이나 직사각형의 대지에 반듯하게 높이 지어올린 목형의 건축물을 길하게 여겼다. 이같이 건물의 대표적인 길상(吉相)은 꼭대기까지 전체가 직사각형 형태 그대로 반듯하게 올라간 형태를 말한다.

그리고 되도록 들어가고 나온 부분이 없어야 한다. 부속건물을 붙여서 지으면 좋은 가상(家相)이 될 수 없다. 반듯한 외형에 실내 또한 직사각형인 경우가 양호하다.

반면 아래쪽에서는 잘 지어져 올라갔다가 위에서 갑자기 좁아지는 구조는 빈상(貧相)의 전형적 형태가 된다. 건물의 형태가 위로 올라갈수록 좁아지면 자금난으로 고통받게 된다는 것이다. 혹 삶의 애환이 구구절절 담긴 탑(塔)의 형상을 떠올리면 일반 독자들의 이해에 조금 도움이 될지도 모르겠다.

또한 건물의 높이가 제각기 불균형을 이루는 형태라면 기의 흐름상 장애요인이 돼 불리한 상이라 할 수 있다. 따라서 건물의 정상인 옥상도 반듯한 평면의 형태가 무난하다.

건물의 상부가 모난 형상으로 '미사일형태'거나 꼭대기에 뾰족한 구조물이 설치된 경우라면 이를 충살(衝殺)이라 해서 방향과 좌향 혹은 건물의 층수를 헤아려 길흉을 논하기도 한다. 대체로 기운이 한쪽으로 쏠리면 좋지 않다.

미관상 아름답고 우아하다고 해서 그것이 곧 좋은 가상(家相)이 되는 게 아니다. 건물의 본체가 원형이거나 층층이 모서리가 지는 왕관형의 건물 또는 빈상각(貧相角) 형태 모두 기의 흐름을 원활하게 하지 못하므로 흉한 상으로 분류된다.

BK동양성형외과 전경. 수룡환포(水龍環抱**)에 좌우유고(**左右有靠**)의 길지가 재물의 원천이 됐다.**

도로가 모이는 곳은 자연 길지(吉地)

이러한 맥락에서 이번에 탐방한 BK동양성형외과의 건물 외관은 일단 합격점이다. 외형적으로 매끈한 외상(外相)의 빌딩으로 특별히 돌출되거나 패인 곳이 없는 모양은 일반적으로 부상(富相)의 귀격(貴格) 조건에 부합된다. 건물주는 물론 건축업자나 세를 든 입주업체 또한 재운(財運)이 깃든다고 본다.

BK동양성형외과는 대형 성형외과인 BK성형외과와 동양성형외과가 합쳐진 새 이름이다. 이곳에는 14인의 성형외과 전문의와 2명의 마취통증의학과 전문의, 피부과, 치과, 모발이식 등 전체 20명의 의사와 120여명의 임직원들이 근무한다.

강남구 논현동에 위치한 서울 신사점 이외에 인천 부평점, 중국의 상하이, 청두, 텐진점 등의 유기적인 네트워크가 구축돼 있다. 규모답게 꽤나 널리 알려진 곳이다.

신사동 사거리를 지나다보면 한두 번은 눈여겨보게 되는 건물이 BK동양성형외과의 간판이다. 네온 조명으로 포인트를 주어 외관을 치장한 것은 풍수로 볼 때 높은 점수를 받는 요인이 된다. 일단 주목을 끄는 요소 자체가 기를 모으는 것으로 해석되기 때문이다. 풍수에 전기 비용을 아끼지 않는 것은 상식에 속한다. 게다가 교차로에 위치했으니 금상첨화다. 도로가 모이는 곳은 자연 길지(吉地)가 된다.

현대 풍수에서는 도로를 곧 수로(水路)로 여긴다. 대개 물이 흐르다가 멈추는 곳에 생기가 모이듯 도로가 모이면 생기가 돈다. 생기가 돌면 사람이 몰려들고 돈이 흘러넘친다. 이런 이유로 교통이 편리한 중심지에는 각종 문화시설이 들어서게 되는데 자연 인간생활의 중심지가 된다.

또 건물의 앞쪽에 도로나 하천이 있어 마치 건물을 감싸 안은 듯한 형세를 수룡환포(水龍環抱)라 해서 매우 길한 터로 치는데 이 조건에도 부합되니 안성맞춤이다. 한마디로 물이 좋은 터란 얘기다.

덕담에 인색할 필요가 있을까. 더 좋은 것은 건물 좌우로 동종 업종의 건물이 나란히 이웃해 있다는 점이다. 이런 입지를 좌우유고(左右有靠)라 하는데 기댈 언덕이 있어 더욱 안정적 형세가 됐다. 좌우에 의지할 건물이 있으면 좋은 것이다.

이러한 건물에 입주하면 주변의 적극적인 후원을 입고 경쟁에서 별 어려움을 겪지 않고 발전한다는 암시가 강하다. 건물의 내부로 들어서면 생각보다 공간이 좁다. 화려한 외관에 비해 내부는 소박한 느낌이 든다. 15층의 가늘고 높은 건물인 까닭이다.

보통 땅이 비좁은 곳에 건물을 짓다 보면 풍수를 망치기 십상인데 외관을 반듯하게 올려 일단은 결점을 희석시켰다. 각 층은 비교적 안정된 긴네모꼴의 평면에다 비교적 천장이 높아 좁은 공간의 답답한 느낌을 상쇄한다.

특히 접수와 상담이 집중적으로 이루어지는 2층에서 4층까지의 내부 공간은 높은 천장에다 비율이 맞지 않다 싶은 큰 조명과 샹들리에가 설치돼 있다. 하지만 이곳에서는 좋은 풍수로 반전됐다.

높은 천장에 부착된 샹들리에는 이상적인 풍수인테리어의 전형이다. 풍수에서 조명은 그 자체로 중요한 자산으로 여겨진다. 실내에서 머리 위의 조명, 램프, 눈부신 빛, 그 밖의 다양한 빛들은 그 공간을 더욱 밝게 해주고 기운을 활성화시킨다. 빛 교정에서는 밝을수록 좋다는 기본 원칙이 있다.

그러나 빛이 항상 켜 있어야 되는 것은 아니고 온전한 상태로 가동만 되면 그만이다. 다시 말해 전구가 타버렸다면 빛의 교정은 무용지물이 된다는 뜻이다.

천장의 높이나 형태도 풍수에서는 무시할 수 없는 부분이다. 근래에는 에너지 절약이나 경제적인 효율성을 높이기 위해 천장 높이를 낮게 하는 경향이 있는데 답답한 느낌이 들 정도라면 입주 자체를 다시 고려할 필요가 있다.

이상적인 천장 높이로는 독립 공간의 전체적인 형태가 정육각형의 비율인 경우를 말한다. 이때 천기와 지기가 가장 잘 순환되는 것으로 기의 활성화를 돕는다고 보는 것이다.

높은 천장은 높은 이상을 갖게 하는데 이 병원의 공격적 마케팅의 원천으로 작용하는 힘을 갖는다. 많은 사람을 모이게 하고 화합시키는 데는 높고 평탄한 천장이 응당 유리하다. 높은 천장은 분쟁을 해소하고 다툼이 오래가지 않게 하는 효력이 있다.

일반적 사무실 천장 높이는 대개 2.4m로 이 높이는 현실적인 기운이 담기는 공간으로 여긴다. 반면 금융기관의 영업점이나 종교 시설 등의 천장은 대개 훨씬 높다. 천장이 높으면 공간 속에 무한한 이상과 기운이 담긴다. 무에서 유를 창조하는 비범한 성취를 볼 수 있다.

지금 대만의 풍수 대가로는 단연 중이밍(鐘義明)의 명성이 높다. 이 사람은 원래 사주명리학자였다. 알만한 인사는 알겠지만 필자는 명리(命理)를 학습해 온 사람이다. 명리에 비하면 풍수는 얼마든지 쉽게 말할 수 있고 어렵지도 까다롭지도 않다.

풍수는 크게 이기(理氣)와 형기(形氣)로 나뉜다. 근자에는 대만과 홍콩에서 부활한 현공(玄空)풍수가 각광받으며 대세로 떠올랐다. 현공풍수는 이기풍수를 기본으로 하며 기를 숫자의 조합으로 환산해 길흉화복을 판단하는 방법이다. 종래에 비해 아기자기하고 디테일한 점이 특색이다.

한 개인의 운세(運勢)를 읽어내는 정확도 면에서 종래 풍수와는 비교할 바가 아니다. 하지만 상대나 현장을 직접 겪지 않고도 얼마든지 과거의 현재, 미래사를 추리해 낼 수 있는 팔자술(八字術)을 포기하고 현장에서 각종 절차를 밟아가며 추리하는 기법이 어째 좀 법석을 떠는 기분이 드는 것도 사실이다.

3층 샹들리에. 큰 샹들리에는 빛을 골고루 분산시켜 풍요와 안정을 가져온다.

서쪽 방위는 재물이 축적되는 음(陰)의 영역

아무튼 풍수의 새로운 트렌드는 풍수의 길흉이 시간의 경과에 따라 얼마든지 변할 수 있다는 전제에서 출발한다. 한번 명당으로 정해졌다고 해서 영원한 명당이 된다는 보장이 없고, 또 각각에 맞는 명당이 있다는 점을 입증하는 과정에서 종래 이론을 수용하기에 급급한 풍수가들을 바보가 되기 십상이다.

다시 말해 명리(命理)를 베이스로 풍수를 말하는 게 가장 첨단적인 이론체계가 된 셈이다.

이 현공풍수의 바탕은 이기풍수로 방위의 길흉을 가리는 데 주안을 둔다. 보통 풍수에 지대한 관심을 가지고 시간이 지나면서 스스로 학습하기 시작하면 십중팔구는 반풍수로 그치기 십상이다. 실상은 만에 하나만이 제대로 된 동양 교학의 지식체계와 실용술수를 구사할 수 있는 법이다. 따라서 동양의 오술(五術)은 기본적인 원리만 제대로 익히고 스스로 납득하는 수준에서 기본에 충실한 응용만이 훨씬 나은 결과를 볼 때가 많다.

'진리는 쉽다'는 말이 바로 이와 통한다. 독자들이 제대로 작동하는 나침반 하나만 갖추고 공간의 중심점에서 서쪽 방향만 찾아 이곳이 재기(財氣)가 활발한 방위라는 인식만 지녀도 훌륭한 풍수 응용을 할 수 있다. 가령 친분이 있는 상대들과 심심풀이삼아 고스톱이라도 칠 때면 방의 서쪽 방향에 자리 잡고 앉으면 가진 돈을 다 소진하는 법이 드물다. 서쪽 방위는 재물이 축적되는 음(陰)의 영역인 까닭이다.

혹 기회가 되면 삼성그룹 계열사에 근무하는 직원들의 명함을 한번 살피기 바란다. 명함에 회사의 로고와 회사명이 명함의 어느 방위에 찍혀 있는지 보면 혹 서쪽이 지닌 무형의 힘을 인식하는 계기가 될지도 모르겠다.

절묘하게도 이 병원의 수납과 상담이 이루어지는 공간은 모두 정서(正西) 방위로 배치돼 있다. 또 접수처에 자리 잡은 직원의 서쪽 벽면에 백색의 전화기가 설치돼 있는데 이런 배치는 재화의 원활한 유통을 가져하는 동기로 작용한다. 오행(五行)으로 서쪽 방위는 금(金)의 영역인데 금생수(金生水)라, 곧 돈을 마르지 않게 하는 것이다. 마침 전화기의 색상도 금기(金氣)의 흰색이라 짝을 잘 맞추었다.

돌멩이가 물을 맑게 한다

김 원장은 겉으로 팔자(八字)나 풍수에 관심이 도통 없는 듯한 사람이다. 물론 팔자에 술(戌)과 허자(虛字)인 해(亥)의 두 글자인 천문(天門)을 갖췄다는 점에 근거하면 나름의 직관이나 통찰력은 빼어난 인사임에 틀림없다. 어쨌든 풍수에 대한 관심유무는 차치하고 일단은 이 계통에 문외한인 점은 분명해 보였다. 그런데 건물의 가상(家相)이나 내부의 주요 시설은 풍수적으로 길한 공간에 다 배치됐다. 역시 명운(命運)이 풍수에 앞서는 성공 요체인 모양이다.

현대 풍수의 패러다임은 극적으로 바뀌었다. 과거에는 나쁜 풍수를 극복하려면 일단 비용이 많이 들었다. 풍수가 좋은 곳으로 이사를 가거나 또는 신축 내지 개축, 리모델링을 해야만 했다. 하지만 요즘은 다르다. 굳이 배산임수의 길지로 찾아 나설 필요가 없게 됐다. 간단한 처방으로도 얼마든지 훌륭한 풍수를 구현할 수 있다는 말이다.

산을 등지지 못해 후방이 허전하면 나무를 심거나 담벼락을 높여 장막을 치면 된다. 실내에선 커튼이나 암막을 쳐서 빈 곳을 가려 메워도 그만이다. 또 주위에 물이 없으면 어항이나 수조, 분수와 같은 풍수 소품을 구입해 가져다 놓으면 되는 식이다. 빛이 들지 않으면 조명기구로 빛을 연출하면 된다. 이 같은 간단한 교정으로도 빈약한 풍수를 훌륭하게 바꿀 수 있다는 '펑쉐이큐어(fengshui cure)'가 빠른 속도로 유행을 탔다.

원래 풍수는 부자들의 전유물과 같았다. 대개 부자가 아닌 서민들은 풍수를 제대로 실천할만한 여유가 없기 마련이다. 풍수는 음택(陰宅)과 양택(陽宅)이 있다. 음택은 죽은 사람을 매장하는 분묘를 가리키고, 양택은 산 사람의 주거 공간을 의미한다. 죽은 사람이나 산 사람이나 결국 '좋은 터 잡기'라는 점에서 기본 원리는 동일한 데 오늘날에는 굳이 명당(明堂) 터에만 국한되지 않고 공간이나 환경을 정비하는 생활 풍수의 측면으로 특화되는 실정이다. 이런 점에서 공간의 생기(生氣)를 촉발시키는 풍수 교정물에 대한 간단한 지식을 습득하고 스스로 응용해보는 것도 의미 있는 일이다. 싱싱한 관엽식물(木)이나 양초(火), 도자기(土), 브론즈(金), 어항(水) 등의 다양한 풍수 소품 등이 주변에 천지로 널려 있다. 색상이나 소리, 향기 등도다 풍수 교정의 범주에 속한다. 만물은 풍수로 설명되지 않는 게 없을 정도다.

김 원장의 안내로 건물 내부의 여기저기를 둘러보게 됐다. 언뜻 눈에 띄는 게 4층 상담실의 한쪽 벽면에 부착된 조그만 긴네모꼴의 탁자위로 놓인 유리 사발이다. 여기에 물이 담겨 있고 투명한 유리 자갈과 꽃잎이 띄워져 있다. 백화점의 잡화 코너에 가면 쉽게 구입할 수 있는 대중적인 풍수 용품으로 곡선형의 유리컵이나 사발에 형형색색의 보석을 담아둔 제품들이 유행하는데 이것은 '돌멩이가 물을 맑게 한다'는 금생수(金生水)의 작용으로 재운(財運)을 부른다는 뜻이 담긴 소품이다. 약간의 풍수적 안목을 갖췄다면 좀 더 화려한 색채를 띠는 자갈들을 사발에 담아놓았을 것이다. 그런데 테이블 가장자리에 놓인 두 개의 스탠드와 유리 사발은 목화금수(木火金水)의 사상(四象)을 다 갖춘 셈으로 구성됐다. 좋은 암시고 운이 좋은 예다.

하지만 고개를 갸우뚱하게 할만치 그림이나 조각 등의 예술품이라 할 만한 작품이 눈에 띄지 않는다. 필자가 "의외로 여긴 그림이 정말 없네요"라고 직설하자 다소 겸연스레 말수가 적어진다.

풍수 교정과 연관된 처방으로 가장 격조가 있는 소품은

그림이나 사진 등의 작품을 들 수 있다. 그 효용이 탁월하다. 예컨대 매난국죽(梅蘭局竹)의 사군자 그림은 단순한 미술품이 아니라 풍수적 의미가 깊이 담긴 대상이다. 이들은 각기 춘하추동(春夏秋冬)을 대표하는 식물로 아무 벽면에나 걸어 두는 게 아니다. 겨울의 매화도는 북쪽, 여름의 대나무는 남쪽 등과 같이 배치하는 위치와 의미가 각각 다르다.

풍수에서 식물의 왕은 단연 대나무다. 제대로 된 20호 이상의 대나무 그림은 존경하는 대상에 대한 품격 높은 선물로 볼 수 있다. 개업이나 이전 등을 축하하는 의미로 난을 선물하는 것도 좋지만 더 값싸고 관리하기 좋은 대나무 화분을 선물하면 더욱 길한 뜻을 담아낼 수 있다.

재물운도 넘치고 건강에 좋다. 특히 심장병에 좋다. 이왕이면 나침반도 들고 가서 사무실의 남쪽 벽면에 적당한 지점을 찾아 놓아줄 정도의 배려라면 상대는 틀림없이 감동한다.

수납 및 상담(여직원)의 서쪽 공간. 서방의 수납처는 돈이 마르지 않게 않다.

추상화보다는 정물화나 산수화, 동물 그림

풍수에서는 추상화보다는 정물화나 산수화, 동물 그림 등이 보다 직접적이고 특별한 의미를 지닌다. 이를테면 잉어나 게, 호랑이 그림 등은 의미가 자못 심장하다. 이런 그림은 아무나 또 아무렇게나 배치하는 게 아니다.

향후 연재될 '풍수갤러리'의 본격적 내용은 펑쉐이 페인트(fengshui paint)다. 이것은 풍수의 첨단 담론이자 최초로 시도되는 특별한 의미가 있다. 아직 풍수의 본가인 중화권이나 서구 실용 풍수계가 정교하게 다루지 못한 범주다.

언제부터인가 주변에는 피라미드나 히란야 문양, 달마도에서 특별한 기가 나온다고 해서 이러한 기운이 긍정적 사고를 촉진하고 몸과 마음을 이롭게 하며 재앙을 물리친다는 속설이 널리 전파됐다. 유감스럽게도 이런 것은 기(氣)가 아니라 외래 신(神)이다. 이런 문양이나 조형에 의지하는 것은 저급하고 속된 것이다. 더 깊은 얘기는 본말이 전도될 우려가 있으므로 삼가는 게 좋겠다.

BK동양성형외과 건물 전체에서 다행히도 작품 하나를 찾아냈다. 검푸른 색조가 인상적인 임채욱 작가의 사진작품이다. 작품명은 <MIND SPECTRUM (옥정호 1001, 53X150cm, ArchivalPigment Print, 2010)>이다. 먼동이 트려 할 무렵에 본 산등성이를 사진으로 담아낸 것 같다.

사진은 '실재를 재현한다'는 신화를 갖는다. 그리고 컬러사진의 진화로 '현실과 같다'는 사진의 신화는 더욱 굳건해졌다. 사진은 현실이고 이는 곧 풍수와 다름 아니다.

작가는 현상이 끝나자마자 곧바로 그 여백을 색으로 채웠다. 촬영 당시 느낀 감상 그대로 실제로는 존재하지 않는 상황의 색이지만 작품 속 색의 대비는 단지 사물의 명암이 아닌 배경과 대상의 관계를 명확하게 하는 작가의 느낌표와 같은 것이다. 감정이입의 상징이 푸른색을 통해 표출됐다.

이런 경우는 목(木)에 속하는 작품이다. 그렇다면 동쪽 벽면에 배치하는 게 정답이다. 요행이도 이 작품은 반대편 서쪽의 수납처와 대치되는 동쪽 벽에 걸려있다.

이 작품은 병원의 성장과 인화를 가져오는 풍수적 작용을 한다. 이래저래 풍수를 몰라도 풍수가 잘 적용된 셈이니 김 원장은 운이 강한 인물이다. 자연스레 덕담을 주고받으며 좋은 분위기가 연출됐다. 이외에 <크리스마스>라는 제목의 그림 한 점을 어렵사리 발견하게 됐는데 추상화로 일반적 관점에서 의미가 잘 와 닿지 않고 풍수적으로는 가치를 부여하기 어렵다는 생각에 멈췄다.

벽면 스탠드가 놓인 테이블. 평범한 소품 연출이 뜻하지 않게 훌륭한 풍수 교정이 됐다.

TIP 김병건 원장의 사주로 본 풍수

BK, 김병건 원장은 1963년 계묘생(癸卯生)이니 토끼띠다. 토끼는 돼지·양과 더불어 목명(木命)에 속한다. 토끼띠는 양띠와 특히 궁합이 잘 맞는다. 미토(未土)는 곧 재물인 까닭이다. 양이 암시하는 재화는 유통되는 돈이 아니라 저축되는 화개(華蓋)의 재산이다.

듣기로 김 원장은 주기적으로 중국의 각 지점에 내원해서 진료와 시술을 펼친다고 한다. 상하이에 가면 금은보화와 주괴에 올라 타 있는 양의 기물을 쉽게 구입할 수 있다. 흔히 보는 용상(龍象)도 재운을 고양시킨다. 이 또한 목명(木命)의 재기(財氣)인 토(土)에 속하는 까닭이다.

용의 그림이나 기물은 반안(攀鞍)에 속하므로 세인의 존경을 받으며 풍요롭고 안정적인 환경을 구축한다는 암시를 지닌다. 관심을 가지고 수집해볼만한 기물이다. 용 그림은 아무 곳에나 배치해선 안 된다. 공간의 동남방인 진방(辰方)에 두어야 마땅하다.

푸른색이 짙은 목(木) 기운의 사진 작품은 번영을 상징하는 상서로운 뜻을 내포하지만 엄밀히 김 원장과는 궁합이 맞지 않는다. 장성(將星)에 속하므로 괜한 구설이나 소문에 노출될 염려의 소지가 있다. 명예로운 운신을 위해서는 백색 금(金)의 기운이 좋다.

수묵화나 비교적 여백이 많은 동양화가 상대적으로 유리하다. 서쪽 벽면에 흰색 국화의 그림을 구해 걸어둔다면 보는 내내 기분이 좋을 것이다.

앞에서 풍수의 언어는 기라고 했다. 좋은 기운은 곧 좋은 기분을 말한다. 소장한 컬렉션 중에 보기만 해도 기분이 좋아지는 작품이 있다면 그것은 십중팔구 좋은 풍수다.

작품만 좋은 게 아니라 건강과 재물을 가져오는 신비한 풍수작용이 있다. 예부터 진정한 부자는 안목이 높았다. 예술을 모르면 진짜 부자가 아닐지도 모른다. 다소 통속적인 신흥 부자라면 풍수라는 프리즘을 통해서 예술을 대하는 안목을 길러 볼 필요가 있다. 추상적 예술 세계와 물질적 가치는 오래 전부터 풍수를 통해 공존해왔다. 공(空)이 곧 색(色)인 이유다.

② 양기대 광명시장 편

양기대 광명시장과 실내의 풍수

풍수에서 물은 곧 '돈'

올해부터 10년간 병진운

청사 내 미술품, 어둡고 칙칙

욕실 문은 반드시 닫아야

고목 물레방아가 도는 실내 정원은 전통적인 풍수 소품의 하나. 물이 흐르는 곳에는 자갈 수반이나 돌담 등이 조화돼야 한다.

부슬부슬 봄비가 내리던 날 경기도 광명시청을 찾았다. 이번에는 광명시와 이웃한 가까운 곳에서 명리와 풍수 전문가로 이름난 인선준 선생을 대동했다. 이왕이면 좀 더 섬세한 풍수 자문을 구해볼 궁리로 협조를 요청했다. 가는 길은 KTX 광명역사 일대를 경유해 시청으로 향했다. 역에서 얼마 지나지 않아 시청사는 실박한 모습을 자랑스레 드러내기 시작했다.

광명시 철산동에 자리 잡은 시청은 본청을 중심으로 북쪽과 동쪽의 부속 동 및 광명시민회관이 비슷한 외관으로 일체감이 있다. 민선 지방자치제 실시 이후 논쟁거리가 된 호화 청사의 백태와는 질과 격이 다른 인상이다.

1984년 준공된 이 건물은 김수근과 우시용이라는 건축가가 설계한 것으로 알려졌다. 탁월한 건축가로 정평이 자자했던 김수근이 1986년 고인이 됐다는 점을 참고하면 광명시청은 거의 마지막 시기 작품으로 볼 수 있다. 빈틈없이 꽉 찬 주차장이 버거운 듯해도 어쨌거나 시민들과 동떨어진 곳에 자리 잡아 고립된 공간이 아니라는 믿음을 준다. 정면에서 바라본 남향의 시청사는 3층 높이에 각 층을 강조하는 수평 띠가 건축물의 수평적 이미지를 강조한다.

상층부로 갈수록 돌출 처리된 수평 띠와 한 가운데 위치한 현관은 강한 대칭성을 만들어 담담한 권위를 실었다. 한마디로 낮고 널찍한 토형(土形)의 건물인데, 토(土)는 포용·과묵·인내·양보·저축 등의 의미를 담으며 반듯한 고층빌딩의 목형(木形)과 같이 쭉쭉 뻗어나가는 기상은 아니지만 안정감에서는 제일로 친다.

현대에는 이른바 '위압(威壓)풍수'라는 게 유행이다. 되도록 초고층의 건물을 올려 일대의 기를 모두 흡수해 독보(獨步)하려는 특징이 생겼다. 싱가포르에도 중국은행이 입성하면서 이 지역의 경제를 흡수하자는 발상에 여지없이 예리한 칼 모양의 고층 건물을 올렸다. 이에 맞대응한 빌딩이 말레이시아 최대 은행인 메이뱅크다.

더 높은 빌딩을 올린 게 아니라 오히려 평평하게 몸을 낮춘 도마의 형상으로 건물을 지었다. 풍수의 호사가들은 메이은행이 중국은행의 기세에 맞서 칼로 아무리 두들겨도 꿈쩍도 않을 도마로 맞대응하겠다는 호기를 품은 국면이라고 해석했다. 그러나 실은 상층부가 뾰족한 고층의 화형(火形) 빌딩이 발산하는 불(火)의 온기를 흡수해 내실을 기하는 토(土)의 형상으로 건물을 지은 것이다.

토형의 건물은 대지가 넓고 건물은 크되 층수가 많지 않아 중후하게 보이는 건축물로 주변의 화형(火形) 고층 건물에 피해를 입지 않는 장점이 있다. 그러나 전경이 트인 메이은행과 달리 도심지의 개발로 앞뒤 좌우 주변에 고층 빌딩들이 들어서면 앞의 전경을 막는 수가 빈번하다. 이렇게 되면 이전의 건물들은 보통 그 위세에 눌리게 된다.

간혹 풍수가 좋게 변하기도 하지만 대부분은 불리한 상황이 연출된다. 주변에 초고층 빌딩들이 들어서면 이전의 건물들 입장에서 볼 때 이전에 없던 풍수적인 결함이 발생하기 마련이다.

비록 전망이 가리지 않아도 새롭게 들어선 초고층 빌딩의 고압적인 위용에 주도권을 뺏기기 쉽다. 상식적으로 생각해봐도 새로운 명물이 등장하면 자연스레 이전의 '랜드마크' 지위는 사라진다. 자신이 거주하거나 속한 건물의 앞에 새로 지어진 건물이 더 고층이면 노기주(奴欺主)의 형상이 돼 '손님이 주인을 이기는' 형국이 된다.

마치 좁은 계곡 사이에 지어진 집과 같아 음기(陰氣)와 살기(殺氣)가 엄청난 힘으로 짓누르는 셈이 되어 뜻을 펴기 어렵고 사업도 번창할 수 없게 된다. 따라서 건물의 현관 앞으로 고층 빌딩이 들어서면 한마디로 숨이 막히는 상황이 되어 더 이상 나쁠 수가 없는 것이다.

풍수에서 물은 곧 '돈'

과장된 면이 없지 않지만 일단의 풍수가들은 뉴욕의 UN본부도 인근의 고층 빌딩 '시티콥 센터의 기에 눌려 고통을 받는 형국'이라고 입을 모은다. 이 빌딩은 시티뱅크의 모회사인 시티콥 본사 건물로 1977년에 완공된 초고층 빌딩.

반짝이는 알루미늄과 유리로 싸여 있어서 햇빛이 비치면 눈부시게 빛나는 것과 빌딩의 정상 부분이 평평하지 않고 45도 각도로 되어 있다는 것이 특징. 외관이 두드러져 찾기도 쉽다. 시티콥의 기에 눌려서인지 UN은 국제적 조직의 중요 이슈를 처리하는데 지지부진함을 면치 못한다는 지적이 늘었다.

아무튼 이후에 트럼프 월드 타워까지 가세하면서 UN본부의 입지는 더욱 좁아진 셈이다. 시티콥 센터와 UN본부의 관계와 마찬가지로 트럼프 타워로 인해 곤란을 겪는 인근의 빌딩들도 생겨났다. 1983년 건설된 40층 빌딩으로 미국 최대의 전화회사인 AT&T의 빌딩이 대표적인 예. 근처 트럼프 타워의 한 귀퉁이가 마치 자사의 사옥 건물을 내리꽂듯이 뻗어 있어 이를 풍수 전문가의 조언을 받아 개선시켰다는 얘기다.

지붕이 변형돼 삼각형의 뾰족한 정상이 빠져 버려서 둥근 모양이 되었다. 또한 입구의 큰 아치도 인상적이며 로비에는 AT&T 심벌인 '골든 보이'가 있다. 모서리의 각으로 인해 형성되는 살기는 화의 성질을 띠므로 이러한 불의 기운은 물로 제압하는 게 가장 효과적이라는 것이다. 화의 형상은 삼각형인데, 원형의 수 모양을 인위적으로 만들어 인근 초고층 빌딩들의 풍수 공격에 맞대응한 것이다. 이와 같이 공격적인 풍수 방책을 가리켜 '진압(鎭壓) 풍수'라 한다.

청사의 현관을 들어서면 꽤 너른 로비 공간이 엉성한 듯 소박한 인상을 준다. 정면에 실내화단이 눈앞에 펼쳐진다. 어울린 맛과 세련됨은 없지만 최소한의 구색은 갖춘 듯 물레방아도 돌고 몇 종의 식물이 나란히 심겨 있다.

가장 좋은 점은 천장의 채광창으로 쏟아지는 햇살을 담은 식물들의 생육 상태가 양호하다는 데 있다. 화단 오른쪽으로 대나무가 몇 그루 비스듬히 서있다. 그런데 이게 좀 빈약하다. 예상대로 동행한 인선준 선생의 여과 없는 지적이 시작됐다.

물레방아가 도는 주위의 돌 수반(水盤)이 빈약하므로 보강할 필요가 있다는 것이다. 풍수에서 물은 곧 '돈'을 말한다. 까닭에 실내에 물이 흐르는 곳에는 자갈 수반이나 돌담 등으로 금생수(金生水) 해야 재원(財源)이 마르지 않는다고 보기 때문이다.

덧붙여 대나무를 더 가지런하게 풍성히 심으라는 말을 재차 강조했다. 풍수는 대나무를 상서롭게 여긴다. 정원수로도 각광받는 대나무는 더 나은 삶을 기약하는 식물로 균형감과 안전된 강한 운기를 부른다. 옥의 빛깔과 같은 초록색은 행운과 자산을 상징한다.

홍콩의 영국계 HSBC 본사는 대나무를 성장하는 진취적인 형상으로 표현했다. 대나무는 그림 자체만으로도 행운이 깃든다는 속신이 있다. 이 그림은 '서남, 서쪽, 서북, 동북'을 제외한 여타의 방위에 걸어두면 심장과 신장 기능이 좋아지고 재운을 증가시킨다.

또 화교권의 풍수가들은 대나무피리를 강력한 교정 도구로 강조한다. 이것은 피리 자체가 보호적인 기능을 수행하기 때문인데, 그 소리가 갖는 힘이 날카로우면서도 길게 전달되기 때문에 종종 칼에 비유된다. 때문에 가정, 음식점 혹은 가게 안에 대나무피리를 걸어두면 사악한 기운을 추방하고 안전을 도모할 수 있다고 믿는다.

화단 우측으로 난 계단을 통해 올라가면 2층의 시장 집무실을 찾을 수 있다. 현관이나 집무실로 들어가는 과정이 간소해 소탈한 기운이 감돈다. 아니나 다를까 광명시의 수장 양기대 시장은 형식에 얽매이지 않을 것 같은 수수하고 털털한 외모의 호감이 가는 인사다. 하지만 눈빛은 예사롭지 않게 빛난다. 사물을 보는 안목과 판단이 정확하고 날카로운 안광을 품고 있다. 든든한 하관은 만년의 풍요와 결실을 기약하듯 힘이 있어 보인다.

필자와는 이미 지면을 익힌 탓으로 비교적 편한 분위기가 연출됐지만 일말의 긴장감과 비장감도 언뜻 묻어났다. 이 사람은 임인(壬寅)생이다. 그리고 신해(辛亥)월, 경술(庚戌)일에 태어났다. 생시가 경진(庚辰)이다. 팔자에 경신의 금기(金氣)가 쨍쨍하게 드러난다. 따뜻하고 겸양하게 처신해도 쌀쌀하고 매서운 숙살지기(肅殺之氣)를 다 가릴 순 없는 법이다.

경술과 경진의 양 괴강(魁罡)은 심성이 강맹해 한번 결정하면 기어이 해내는 기질을 암시한다. 술(戌) 중에는 정화(丁火)가 신금(辛金)을 단련하는 상이 개입됐다. 이것은 왕성한 활동력과 또 바쁠수록 정신이 맑아지는 천문(天門)의 영감을 설명하는 부호로 작용한다.

양기대 광명시장. 지고능변(志高能辯). 겸양한 가운데 기백이 넘치는 인사다.

올해부터 10년간 병진운

한편 술(戌)이라는 글자의 물형은 '매장된 금광'으로 곧잘 비유되는데 생시의 진(辰)이 이 글자를 충격하는 모습이다. 더구나 올해부터는 향후 10년 간 병진운(丙辰運)이 든다. 그렇다면 이 기간 중에 '진술충(辰戌沖)으로 땅을 파고 병화(丙火)의 기운이 땅 속으로 깃드는 물상'을 짓는다. 공교롭게도 대화의 첫 화제가 최근 뉴스거리가 된 '광명동굴월드'다.

광명시가 폐광산을 사들여 동굴관광으로 별들게 하는 개발이 이뤄진다는 것인데 이 일의 주된 역할을 양 시장이 맡게 된 것이다. 사업 전망이 밝다고 한다. 접근성이 좋아 테마파크로 크게 각광받을 것으로 전망된다. 무엇보다 팔자의 물상에 딱 부합되므로 명리학자의 입장에서면 이의를 제기할 여지가 없다. 내심 고무적인 격려를 한껏 보태고 싶을 정도다. 왜냐? 명리에는 세칭 액땜이라는 말이 있는데 이 같은 동굴 개발은 만년에 제대로 된 큰 액땜으로서의 효용이 더해지기 때문이다.

액땜을 정교하게 표현하면 '물상대체'가 된다. 이 말은 방편과는 약간 차이가 나는 개념인데 스스로 의도하거나 선택해 닥쳐올 액을 피해가는 의미가 아니다. 이를테면 팔자에 '진술충'이 있는 사람은 대개 건축이나 개발 분야 등과 연계된 다양한 업에 종사하는 경우가 많다.

또는 라망(羅網)이라 해서 수사 계통에 분야에 근무하는 사람들도 적지 않다. 다시 말해 팔자의 글자 자체가 내포하는 물상에 속하는 업에 종사하는 사람은 산사태나 지진 등의 자연 재해를 겪거나 감금, 구속되는 등의 재액(災厄)과 유관 병질(病疾) 일체를 피해가기 쉽다는 얘기가 된다.

집무실의 책상 오른편에는 광명역을 통과하는 KTX 열차의 위용을 앞세운 그림 패널이 걸려 있다. 양 시장과 광명시가 내세운 캐치프레이즈가 '통일한국의 심장'이다. 그러니까 인구 35만 명의 비교적 작은 도시에 불과한 광명시지만 물리적 규모 이상의 의미가 충분한 요소(要所)란 얘기다. 대뜸 자신의 장래 희망은 통일 한국의 평양 초대 시장이란다. 시장 개인의 꿈이 담긴 구호이기도 한 것일까. 지고능변(志高能辯). 겸양한 가운데 기백도 넘치는 대목이다.

광명시청사. 나지막한 언덕배기에 위치한 토형의 건물은 사방으로 전망이 트여 명당을 확보했다.

청사 내 미술품, 어둡고 칙칙

알 만한 사람은 다 아는 얘기지만 양 시장은 매우 화려한 기자 경력이 바탕 된 사람이다. 팔자에 식신(食神), 임수(壬水)가 계절을 얻어 왕성한 기를 띠므로 자신의 관점이 옳다고 여기는 독선적 경향을 나타낼 수 있다.

그러나 권형(權衡), 지금은 어느 한쪽으로 지우치지 않는 처세를 다지고 있을 법하다. 아마도 학창 시절부터 기자 시절까지의 우월한 스펙으로만 곧장 이어졌다면 모를 일일까, 굴곡진 과정도 꽤 무겁게 거친 편이라 겸손이 더 깊이 배인 느낌이다.

지난해 6·2지방선거에서 압도적 표차로 광명시장에 당선됐지만 그전에 두 번의 국회의원 도전에 실패했다. 답답해서 활기가 막히는 시절에도 의연함을 잃지 않았던 과거의 모습이 스쳐갔다. 흥미롭게도 사주에 처(妻)와 재물을 뜻하는 재성(財星), 목기(木氣)가 장생(長生)의 기운을 얻은지라 배우자와의 인연은 가연(佳緣)임에 틀림없다. 다만 해당 글자가 아쉽게도 공망(空亡)에 떨어졌다. 형편이 이러하면 부부가 함께 하는 시간이 절대 부족해진다.

또 재물이 좀체 수중으로 들어와 안정되게 축적되는 법이 드물다. 전화위복, 덕분에 성품과 행실이 높고 맑으며 탐욕이 없는 목민관을 기대해 볼 수 있겠다. 내년 임진년(壬辰年), 한층 운신의 폭을 넓힐 운기다.

집무실 입구 벽면에는 조그만 실내 물레방아가 작동하고 있다. 그런데 물의 양이 너무 적고 배치가 잘못돼 마음에 걸렸다. 풍수 교정에서 물을 쓸 때는 반드시 물의 흐름이 실내를 향하도록 처방하는 게 원칙이다. 그런데 여기 물은 출입구를 향해 흐른다. 이런 배치는 차라리 소품이 없느니만 못하다. 치우던가 보정할 필요가 있다. 실내분수와 물레방아 같은 풍수 소품에서 물 흐름은 집안으로 향하게 배치해야지 현관 쪽으로 물이 흐르게 하면 돈복이 나가는 뜻이 된다.

바닥의 나뭇결이나 대리적 무늬도 현관에서 거실 쪽으로 흐르는 느낌이 드는 게 좋다. 이것은 물의 흐름이 실내로 향하도록 배치하는 것과 같은 이치다. 예상과 달리 청사 내부에는 딱히 작품이라 할 만한 미술품이 눈에 띄지 않았다. 시장실도 마찬가지. 군데군데 서예 작품이 몇 점 있긴 한데 평범했다. 풍수적으로는 부여할 의미가 별반 없는 재료들이다.

또 몇 점의 브론즈 조각 작품을 볼 수 있었는데 한마디로 빈약했다. 놓인 자리도 잘못됐다. 바위나 조각물처럼 중량감이 느껴지는 물체가 적절히 사용되면 불안정하고 동요되는 상황의 안정에 도움을 줄 수 있다. 이것은 주로 실외의 택지가 불균형하거나 비어 있는 곳에 무게나 부피감을 더해 안정감과 고요함을 주는 행위다. 실내에서도 적용 방법이 마찬가지다.

중국인들은 특히 금속성의 재질로 만들어진 사발이나 주괴(鑄塊), 금고 등을 이용해서 내부의 구석 자리를 보강하기도 한다. 보통 집의 구석이나 금고 옆, 혹은 동남방의 영역에 두어 재운을 보다 강화하는 요법으로 즐겨 사용한다. 지명이 광명(光明)이면 밝고 화사한 느낌이 절로 드는데 청사의 미술품들은 대체로 어둡고 칙칙해서 대비됐다.

의외의 장소에서 눈길이 가는 그림 한 점을 발견했다. 2층 직원화장실 입구에서다. 주홍빛의 탐스러운 홍련(紅蓮)으로 가득 찬 꽃 수채화가 산뜻했다. 고가의 예술품만 높은 풍수 점수를 받는 법은 없다. 때로는 프린트물도 얼마든지 훌륭한 풍수 교정의 일환으로 활용된다.

광명시 인근의 시흥 관곡지에 가면 꽃잎들이 계란형으로 제법 둥그스름 퍼져서 풍성한 홍련을 많이 볼 수 있다. 대부분 키 큰 홍련들의 색상이 분홍인데 비해 이곳의 홍련들은 주홍에 가까운 빛을 띤다.

풍수에서 재정적으로 튼튼한 환경을 구축하는 비결은 생각보다 간단한 처방으로 가능하다. 요체는 밝고 깨끗한 이상적인 출입문으로 생기를 모으고 유입된 기가 오래토록 머물게 하는 데 있다.

가정에서 특히 재물의 기운이 빠져 나가기 쉬운 장소는 욕실이다. 욕실의 문은 반드시 닫아두어야 한다. 그래서 세면대나 욕조, 화장실의 배수구는 반드시 덮개로 막아둬야 한다. 물은 흐름이 좋아야 한다. 배수가 잘 안 돼 물이 고이거나 하면 재물을 모을 운수가 막힌다.

이곳의 화장실은 청결했고 물 빼기는 원활해서 습기가 없다. 이렇게 사소한 단서만으로도 풍수가들은 시(市) 재정의 건전성으로 연결시킨다. 의도하진 않았겠지만 이건 제대로 풍수 처방이 됐다.

풍수교정(**fengshui cure**)에 유용한 소품으로 종종 거론되는 게 양초다. 이것은 불에 속하는 소품인데 습기를 제거한다는 의미로 가정에서는 욕실에 두는 게 정석이다.

화의 소품으로 그림은 붉은색 계통을 들 수 있다.

관엽식물과 꽃을 활용하는 풍수 교정은 거울과 더불어 거의 만병통치약처럼 무궁무진하게 활용된다. 공간의 모서리나 돌출된 귀퉁이에 놓아 구조상의 결함을 해소하기도 하고 전자파를 방출하는 전자제품 부근에 두어 나쁜 기운을 순화시킨다.

또 재물의 영역이 되는 손방(巽方)에 놓아 재운을 증가시키는 역할도 한다. 손방은 공간의 중심점에서 팔방(八方)으로 구분해 동남쪽의 영역. 이곳에 싱싱한 식물이나 조명을 밝혀 강조하면 매출 증대나 자금 유입을 통한 전반적인 경영상태 개선을 가져온다.

일반적으로 나무와 꽃은 자연과 생명, 성장을 상징한다. 난 화분도 실내의 기운을 변화시키고 상승시키는 교정 수단으로 각광받는 추세다. 특히 꽃이 피면 집안에 경사가 난다고 믿는 민간의 신앙 관습까지 더해져 인기가 있다.

▲ 화분이나 도자기는 높은 곳에 올려두면 주객이 전도돼 균형감과 안정감이 상실된다.

▼ 시장 관용차량번호. '11라1X11' 로 행운의 숫자 '1' 이 무려 다섯 개가 겹쳐있다. 범·말·개띠에 태어난 사람들에겐 '1과 6' 이 좋은 운수를 부른다.

욕실 문은 반드시 닫아야

청사 내부의 몇 군데 시설을 둘러보고 어느 행정 부서의 사무실에 들렀다가 약간 뜻밖의 상황을 보게 됐다. 수많은 난 화분이 필자의 시선 위로 일렬횡대 늘어섰다. 책상을 둘러싼 철제캐비닛 위에 화분을 촘촘히 올려둔 것이다. 공간 여유가 없어서 그랬을까? 아무튼 화분을 내리고 적당한 장소를 물색해볼 일이다. 다행히 난초는 시들지 않고 생육 상태가 좋아 보였다. 내부의 온도가 적당하고 기운이 좋다는 반증이다.

풍수 인테리어에 장식이나 소품이 사람을 압도해선 안 되는 원칙이 있다. 실내에 화분을 들여놓는 일은 적극 장려할 만한 일이지만 식물의 키가 어른 가슴 높이보다 더 크면 부작용이 나타나기 쉽다. 손님이 주인 행세를 하는 셈으로 사람이 식물의 기를 취하는 게 아니라 뺏기는 경우가 있다. 너무 크거나 지나치게 많은 화분을 곳곳에 배치하는 것은 오히려 해롭다. 천장에 닿을 정도로 너무 크고 말라 죽는 잎이 생기면 가정이 구설에 오를 수 있다. 거주인을 압도하는 기분이 드는 장식이나 무늬, 큰 사물은 피해야 한다. 수조나 어항의 배치도 마찬가지. 보통 어른의 심장 높이 정도가 적합하다.

불(火)에 속하는 붉은색의 따뜻한 그림은 차가운 물(水)이 많은 장소와 잘 조화돼 재물과 건강을 지키는 작용을 한다. 동행한 풍수전문가 인선준 선생이 홍련 그림에 대해 설명하고 있다.

결론해서 광명시청의 풍수는 좋은 편. 무엇보다 먼저 명당이 확 트였기 때문이다. 명당은 풍수에서 '좋은 묏자리나 집터'를 의미하기도 하고 '건물 앞의 공간'을 뜻하기도 한다. 건물 앞에 있는 모든 경관은 양택(陽宅)과 관계된다. 명당이 트이고 주위에 건물을 위협하는 구조물이 없다면 한 마디로 좋은 명당이라 할 수 있다. 건물 앞의 환경이 좋은 명당이라면 거주인이 원대한 계획을 펼치고 마음이 트이도록 돕는다.

그러나 아래와 같은 상황이 발생하면 갖가지 부정적인 결과를 초래하는 악영향을 미치게 된다. 건물을 향해 직충(直沖)하는 도로가 있으면 이를 노충(路沖)이라 해서 불리한 형세가 된다. 이외에도 도로나 골목이 건물을 비스듬하게 부딪치거나 건물의 뒷면에서 건물을 향해 부딪쳐도 사충(斜沖)이라 해서 십중팔구 불리한 것으로 본다.

건물 앞에 고가도로가 있으면 명당이 가로막히는 격으로 사업이 잘 풀리지 않는다. 특히 고가도로에서 모퉁이로 돌아가는 곳은 도봉살(刀鋒煞)이라 해서 불의의 재앙을 예고하는 요인이 된다. 대문 앞에 지하도나 철로가 있으면 기맥(氣脈)이 막히고 자기장이 문란해져 건강과 생육, 작업이 모두 불안정해기기 쉽다. 재운도 가로막힌다. 건물 앞에 지하 주차장의 출입구가 보이면 마치 호랑이 입을 마주 대하는 것과 같아서 자신이 해를 입는다. 차량이 주차장의 출입구 쪽으로 오르락내리락하기에 기류가

혼란스러운데 특히 저층의 거주인이 위협과 충격을 받을 공산이 크다.

고층 빌딩을 마주하면 거주하는 건물에 속한 직장의 위계가 서지 않고 가정에서는 자녀들이 부모에게 반항하는 일이 나타날 우려가 있다. 거주하는 곳의 골목이 갱도처럼 좁고 좌우로 건물이 들어선 경우에는 명당이 좁아 발전에 한계가 있다. 또한 사적인 비밀이 지켜지지 않는다. 다리 어귀의 양끝은 지맥(地脈)이 시종 만나는 곳으로 교통이 혼잡하고 배기가스가 많아 기가 소통되지 않는 불리한 장소. 다리 어귀의 양 끝에 위치한 건물도 역시 좋지 않다. 담장의 모퉁이가 현관을 향하는 구조는 벽도살(壁刀煞)에 노출돼 명당의 절반의 가려진 격이니 뜻밖의 사건이 발생하기 쉽고 재운이 쇠락한다.

변전소나 고압철탑이 있으면 강력한 전자파에 의한 악영향이 미치므로 건물은 적어도 이런 곳에서 100m 이상 떨어져 있어야 한다. 주유소나 화학공장이 명당의 가까운 곳에 위치해도 좋을 리 만무다. 광명시청은 건물 앞의 땅이 뒤의 땅보다 낮은 지세라 더 좋았다. 이런 입지면 시간이 지날수록 꾸준히 발복한다.

반대로 현관 앞의 땅이 뒤의 땅보다 높으면 점차 운기가 쇠잔해진다. 청사의 내부와 외부의 기운이 안정되고 활성이 있다. 그윽하고 평온한 생기가 감도는 명품은 분명한데 세련된 스타일을 연출하지 못했다. 약간의 포인트만 주면 매력적인 풍수 변신이 가능할 터지만 글쎄다. 양 시장과의 회견을 마치고 문을 나서며 예사롭지 않은 번호가 시야에 포착됐다. “시장님, 차량 번호 하나는 일품인데요.” 덕담으로 종결된 기분 좋은 하루가 됐다.

③ 황선 스와로브스키코리아 대표 편

황선 스와로브스키코리아 대표와 크리스탈

활기와 활력을 불어넣는 크리스털

SWAROVSKI

웃으면 복(福)이 온다. 웃음이 뜨는 시대가 왔다. 웃음의 힘이 놀랍다. 웃음은 심장도 튼튼하게 하고, 암도 물리친다. 다이어트에도 그만이다. 최근에는 '펀(**Fun**)경영'이라는 신조어가 유행할 정도로 웃음은 대세가 됐다. "좋아 웃는 게 아니라 웃어야 좋아진다"는 신념을 퍼트리는 게 핵심인 모양이다.

예능이 대세다. 예능에 자질이 없어도 이런 환경에 적응하려면 시쳇말로 반응을 잘해야 한다. 싱겁고 가벼워도 웃기는 사람들이 특별한 대접을 받는 시대다. 흔하게 박장대소를 유도하고 또 그에 따라 손뼉을 치며 크게 웃어주는 패널이나 방청객들의 모습이 방송 전파를 탄다. 반응을 잘해야지, 시쳇말로 리액션이 부족하면 부적격자로 따돌림 당하기 십상이다. 억지가 이만저만이 아니다.

정말 가소로운 일이다. 자연스럽게 서린 유머와 위트가 흐뭇한 기분을 만들게 하는 것이지, 거울보고 입가 양쪽을 강제로 끌어올린다고 해서 복이 올 리가 만무다. 웃음을 강요하면 그것도 짜증 끝에 병이 되는 수가 있다. 웃음의 순기능은 간명한 진리다. 하지만 경박함은 그 끝을 금세 드러내기 마련이다. 무엇이든 지나치면 문제가 있다.

크고 헤프게 웃기를 잘 하는 사람은 대개 힘든 기색이나 슬픈 감정도 쉽게 노출하는 성정을 지녔다. 희로애락의 감정이 뚜렷하게 드러나는 사람들은 십중팔구 변덕이 있다. 심하게는 지성이 결여된 것이고, 정신상태가 건전치 않다고 볼 수 있다.

풍수(風水)는 진지하게 자연스러운 웃음을 유도하는데 집중했다. 웃으려면 먼저 기분(氣分)이 좋아져야 한다. 먼저 좋은 기(氣)를 모으는 환경을 정비하는 게 풍수 실천의 요강이다. 쉽게 말해 웃을 수 있는 환경을 인위적으로 조성하는 배려의 정신이 풍수사상의 골자다.

풍수의 언어는 기(氣)다. 비단 풍수뿐만 아니라 동양의 사상과 문명은 기(氣)의 개념을 떠나 설명되지 않는다. 기라는 말은 노자(老子)를 이은 장자(莊子)부터 구체적인 뜻을 가졌다고 볼 수 있다. 이때 기는 만물이 생성되고 변화하는 기본으로 나아가 물질계를 구성하는 본질로 사유됐다. 장자는 생과 사를 '기의 취산(聚散)'으로 봤다. 즉 기가 모이면 생명이 되고, 기가 흩어지면 죽음이란 애기다.

후한(後漢)의 왕충(王充)도 모든 것이 기로 구성됐으며 자연과 사람도 다 기의 변화과정에서 생겨난 것으로 생각했다. 동양교학의 전제가 되는 음양(陰陽)과 오행(五

行)의 논리는 대략 이 무렵을 전후해서 확립되었다고 보면 된다. 오랜 생명력을 지닌 팔자명리(八字命理)의 방술에서는 '기의 청탁(淸濁)'을 강조했다.

한마디로 기가 맑으면 오래 살고, 탁하면 일찍 죽는다고 본 것이다. 생명을 유지하는 동력원의 추상적 요소에서 청탁이라는 질(質)의 개념까지 확장된 셈이다. 어쨌든 기란 살고 죽는 문제를 결정하는 생사문(生死門)과 같은 중대한 의미를 품었다. 그러다보니 일부 특정 부류에서는 기라는 용어를 혹세무민(惑世誣民)의 도구로 남발하는 부정적 현상을 낳기도 했다. 하지만 실상 기라는 말은 한정된 계층이나 영역에 머물러 쓰이지 않는다.

불교용어에 차를 마시고 밥을 먹는 일상적 행위를 일러 항다반(恒茶飯) 또는 항다반사(恒茶飯事)라고 한다. 다시 말해 늘 있는 예사로운 일을 보통 다반사(茶飯事)로 표현하는데 우리말에 기는 일상에서 자연스럽게 표현됐다. 이를테면 '기가 막히다', '기가 차다', '기가 죽었다', '기가 살았다', '기가 빠지다' 등과 같은 식이다.

기는 바람과 같이 손에 잡히지도 않고 눈에 보이지도 않으며 무게도 지니고 있지 않는 상태로 우주 만물을 움직이는 어떤 근원적인 힘으로 여겨졌다. 알게 모르게 우리 생활 속에 있고 생과 사에 직간접적으로 깊이 관여하고 있는 것이다. 보통 호흡으로 해석되는 공기(空氣)부터 시작해서 '천기, 지기, 전기, 자기, 용기, 기운, 분위기' 등의 낱말까지 포함해서 기(氣)를 표현하는 말이 500여 가지에 달할 정도다.

기는 먼 곳의 얘기가 아니다. 체감의 차이가 있을지언정 시간과 공간을 초월해서 누구나 기를 느낄 수 있다. 떠올리기 싫은 사건을 생각하면 몸서리가 치고, 행복했던 시간을 회상하면 가슴이 벅차오른다. 아침에 좋지 않은 일이 있었다면 불쾌한 기분이 하루 종일 지속되기도 하고, 어떠한 일을 계기로 말끔히 해소되기도 한다.

또 어린 시절을 회상하면 아련한 추억에 적어 당시의 기분에 젖기도 하고, 성공한 미래의 자신을 상상하면 절로 가슴이 뿌듯해진다. 이런 게 다 기의 작용이고, 흐름이다. 복잡하게 생각할 필요가 없다. 기분(氣分)이 좋아지면 생기고, 기분이 나쁘면 사기로 판단하면 된다. 따라서 기분이 좋아지는 환경이 좋은 풍수고, 그 반대면 나쁜 풍수가 된다.

건강과 재물을 얻는 좋은 기운은 바로 몸으로 느낄 수 있다. 한마디로 좋은 기분이 들면 마음과 몸 전체는 생기로 살아 움직인다. 반대로 우울하거나 저조한 기분에 휩

싸이면 생기는 사기로 변해 심신을 지치고 병들게 한다. 기는 채워 살려야지, 빼거나 죽여서는 안 된다. 그런데 사람의 기분이 자신의 의지와 무관하게 주변 환경이나 사건에 의해 좌우되는 것이 문제다. 이러한 현상은 명리(命理)의 관점에서 볼 때 극복이 어려운 요소다. 하지만 풍수는 자신의 의지와 노력, 실천으로 좋은 기분을 얻을 수 있다는 전제에서 출발했다.

"사람의 복록(福祿)이 하늘에 달렸다"는 전통적인 천명(天命) 사상에서 벗어나 스스로의 의지나 향상심(向上心)으로 능히 운(運)을 바꿀 수 있다는 발상의 전환이 풍수의 생명력을 돋웠다. 그래서인지 풍수(펑쉐이:Feng Shui)는 서구인들에도 별다른 저항 없이 순조롭게 확산됐고 유행의 바람을 탔다.

컴퓨터의 선구자로 알려진 타이완 계 미국인 피터 첸 박사는 20세기의 과학혁명이 상대성이론과 양자역학에 의해 이루어졌다면 21세기의 과학은 '기(氣)과학'이 될 것임을 자신 있게 밝혔다.

SWAROVSKI
SWAROVSKI

활기와 활력을 불어넣는 크리스털

입하(立夏)를 넘긴 여름의 초입에서 스와로브스키 코리아 황선 대표이사를 만났다. 한눈에 영특하고 민첩한 면모가 드러난다. 동시에 대인관계를 원만하게 하는 소탈한 관록이 엿보인다. 예리한 눈빛과 미소가 서린 입가가 잘 조화된 인상이다. 데면데면하게 수인사를 나눴지만 회견하는 동안 세심한 배려가 느껴졌다.

황 대표는 **1958**년생으로 무술생(戊戌生)이다. 정사월(丁巳月), 경자일(庚子日)에 태어나 인수용관(印綬用官)의 귀격(貴格)을 지었다. 이런 유형은 보통 관록(官祿)이 두터운 명조(命造)의 전형으로 조직 내에서 착실한 발전을 거듭해서 종내 최고위직에 오른다고 했다. 경진시(庚辰時)에 났으니 자진(子辰) 수국(水局)으로 인상합작(印傷合作)하는 점이 특징. 뛰어난 직관을 바탕으로 기획과 실천이 빠른 타입이다. 이와 같이 팔자(八字)에 목화(木火)가 온전하고 水로 보좌하면 필시 입업건공(立業建功)으로 영화가 절정에 이른다. 다만 상대적으로 木의 기세가 미약한 편이라 부(富)보다 귀(貴)가 앞선다고 볼 수 있다.

캐나다 윈저대에서 회계학을 전공한 황 대표는 1991년 스와로브스키벤처스 코리아 영업 마케팅 담당부장으로 영입됐다가 바로 국내법인의 현지 법인장이 됐다. 그러니까 스와로브스키의 서울 론칭 때부터 지금까지 20년 동안 CEO의 역할을 해온 셈. 쉽지 않은 얘기다. 성실내지 근성 등과 같은 일반적 세인의 평가나 수식으로는 부족한 특유의 리더십 본질이 있다고 봐야 한다. 이점은 팔자에 투영된 두터운 관록을 입증하는 동시에 밝은 미래를 기약하는 근거로 삼을 수도 있다.

명국(命局)에는 수화(水火) 양면이 공히 강한 기세를 형성하며 균형을 잡고 있다. 밝고 어두운 음양(陰陽)과 조습(燥濕)이 잘 조화돼 이 사람은 화려한 세상과 고독한 내면에 두루 통달했다고 볼 수 있다. 고립되고 고독한 처지에 놓이면 영감을 얻고 때를 만나면 탄력을 받아 속도전을 펼친다.

2001년 그가 제안해서 밀어붙인 휴대전화용 크리스털 장식 줄은 오스트리아 본사의 예상과 달리 크게 히트했다. 필자가 판단컨대 황 대표는 매년의 신년(辛年)이 돌아오면 삶의 비약을 앞둔 일종의 모멘텀이 형성되는 것 같다. 1991년의 신미(辛未)년과 2001년의 신사(辛巳)년이 그러했다. 올해는 2011년 신묘(辛卯)년인데 이렇게 신금(辛金)의 운기가 도래하면 당면 과제의 중압감이나 경쟁 구도 등에 시달리는 편치 않는 형국에 놓일 때가 많다.

그런데 이때 전기(轉機)를 맞이한다. 영감으로 가는 유일한 통로가 고독(孤獨)으로 히트를 예고하는 반짝이는 아이디어가 샘솟는 순간일 가능성이 높다. 어쩌면 풍수가 영감의 바탕이 될지도 모를 일이다.

▲ 경자일생(庚子日生)의 황선 대표이사. 의리지상으로 예민하며 창조적인 인사다. M자형의 이미 또한 이점을 넌지시 알린다.

(아래 오른쪽) 황 사장은 회사의 오랜 CEO 경험을 통해 상대적으로 여성 인력의 우월성을 높이 산다. 스와로브스키는 여성에게 더 좋은 풍수다.

(아래 왼쪽) 크리스탈 구. 스와로브스키에서 생산한 제품은 아니지만 진열대 유리 상자안에 주렁주렁 매달린 크리스털 구가 인상적이다. 수정구는 보통 천장에 매달아 포인트를 주는 소품이다.

스와로브스키는 본래의 바탕이 풍수다. 크리스털 자체가 풍수와는 떼놓을 수 없는 재료인 까닭이다. 빛은 기를 촉발하고 고양시켜 사람들을 기분 좋게 만드는 중요한 요소다. 풍수에서 빛 교정은 '조명과 거울, 크리스털'의 세 가지로 구성된다.

스와로브스키 매장은 예 외 없이 풍수를 모르고 애쓰지 않아도 삼박자를 다 갖춘다. 소공동의 롯데 호텔 로비에 위치한 매장으로 자리를 옮겼다. 문득 언젠가 동경의 긴자(銀佐) 거리에서 발견한 스와로브스키 플래그십 스토어를 인상 깊게 본 적이 있는데 그때의 감흥이 일었다. 조그만 매장이지만 물리적 공간 이상의 에너지 파워를 발산하는 게 스와로브스키 매장의 특징이다.

1895년에 다니엘 스와로브스키(D. Swarovski, 1862~1956)가 회사를 설립할 때의 일성은 "사람들에게 기쁨을 선사하는 크리스털을 만들고 아름답게 가공한다"는 것이었다. 이 말은 사람들을 기분 좋게 만드는 좋은 풍수를 제공한다는 말과 맥락을 같이 한다. 예언자로까지 알려진 이 창업자는 크리스털이 지닌 아름다움 이상의 에너지와 그 작용을 이미 간파했던 것 같다.

크리스털의 눈부신 컬러와 광채가 사람들을 기쁘게 하고 오래토록 사랑받을 것이라는 확신이 있었을 터. 이미 충분히 통했다. 크리스털이 주는 기쁨은 보다 특별한 의

미의 즐거움이다. 영국의 여류소설가 조지 엘리엇(George Eliot)은 "보석은 그 안에 활기(活氣)를 담고 있다"고 말했다.

고래로 보석은 여성을 즐겁게 하고 기쁨을 주어 왔다. 미소와 웃음만 선사하는 게 아니다. 활기와 활력을 불어넣는다. 그러면 건강해지고 하는 일마다 다 잘되는 강력한 운기로 이어질 수 있다.

풍수에서 크리스털은 '빛, 확장, 새 에너지'를 추가하며 공간의 에너지를 좋게 변화시키는 특별한 소품으로 각광받아왔다. 보통 모퉁이의 날카로운 면에서 발생하는 뾰족한 살기를 해소하거나, 세찬 바람에 노출되어 기가 흩어지는 영역에는 크리스탈 구(**Fengshui Crystal Ball**)를 천장에 매달아 나쁜 기운을 상쇄하는 교정도구로 썼다.

흔히 마법사의 이미지를 떠올리면 책상 위에 놓인 커다란 수정구슬이 같이 등장하는데 이 또한 상담을 요청하는 많은 사람들이 지닌 해가 되는 기운을 제거하는 용도로 쓰인 것이다. 혹 그 구슬 속에 과거와 미래상이 천연 컬러로 나타난다고 생각했다면 순진한 발상. 어쨌거나 아름답게 보이는 것 자체가 좋은 풍수다.

따라서 크리스털이 발산하는 광채와 더불어 프리즘 효과도 중시된다. 모양이나 커팅, 광택 및 코팅에 이르기까지 크리스털의 대명사로 자리 잡은 스와로브스키는 그 자체로 풍수가 되는 셈이다.

의외다. 스와로브스키는 직접적으로 풍수를 언급한 적이 없어 보인다. 본사의 웹사이이트를 찾아 히스토리 전체를 거의 다 훑어봤지만 **'Feng shui**'라는 어휘를 찾아볼 수가 없었다. 황 대표도 풍수에는 문외한 같았다.

필자가 이점을 언급하자 “아마도 유럽 기업이라 그런 모양…”이라고 즉답했다. 소리 없이 빙긋 웃음이 새나왔다. 지금 서구 기업들의 풍수 마게팅은 우리와 비교될 수 없을 정도로 활발한 게 현실이다. 유럽에만 국한해도 수를 다 헤아리기가 힘들 정도다.

영국 항공업체인 ‘브리티시 에어웨이’, ‘버진 애틀랜틱’, 컨설팅회사인 ‘아더 앤더슨’, 이동통신업체인 ‘오렌지’, 백화점체인 ‘막스 앤드 스펜서’, ‘리츠호텔’ 등 영국 내 많은 유수기업이 풍수에 입각한 사무실 배치 등을 통해 직원들의 능률 향상을 꾀한 것으로 전해진다.

오렌지사는 풍수지리설에 근거, 자동차 번호판을 포함한 회사물품에 불운을 암시하는 숫자인 4를 피하고 중국인들이 행운의 숫자로 여기는 8을 사용토록 권장하고 있다. 리츠 호텔은 사무실 위치 및 홀의 좌석 배치를 런던의 땅 기운과 조화시키기 위해 풍수를 응용했다고 밝혔다.

'토니 블레어' 전 총리의 부인인 '셰리' 여사도 다우닝가 10번지 총리 관저를 꾸밀 때 풍수 전문가들을 초빙, 이들의 조언을 최대한 받아들여 화제가 된 적이 있었다. 특이하게도 서구인들은 어느 정도의 주술적인 분위기마저 흥미롭게 받아들인다.

버진 애틀랜타 항공사는 길일(吉日)을 택해 새로운 항공노선의 취항날짜를 결정할 정도다. 이 항공사의 리차드 브랜슨 사장은 재미있는 사람이다. 동양 문화를 흠모하고 홍콩에 애정이 많은 명사로 알려져 있는데 몇 해 전 홍콩 관광 홍보 행사 중 어린이들과 어울려 각종 기수련 동작을 따라하는 장면이 외신을 탔다.

6,000만 인구의 80% 이상이 가톨릭 신자인 프랑스에는 일찌감치 풍수 바람이 불었다. 프랑스인들은 외적으로는 실존주의적 사고방식에 충실한 듯해도, 동양의 문화나 사상에 관심이 많다. 필자가 한때 주한프랑스부인회와 간담회를 가진 적이 있는데 쏟아지는 질문에 시간이 모자랐던 기억이 난다. 야후 프랑스에서만도 풍수 관련 사이트가 3만 여 개를 발견할 수 있다.

프랑스는 서구권으로는 거의 유일하게 팔자술(八字術)도 꽤 수용한 흔적이 남아 있다. 프랑스의 신부들이 근대 중국의 명리학자인 위천리(韋千里)에게 사주학을 배우고 이를 바탕으로 점성학의 토대를 새롭게 다졌다는 것이다. 한번은 주한프랑스대사 부인 '크리스틴 데스쿠엣'이 풍수 마니아라 해서 화제가 된 적도 있다. '리빙인테리어'라는 책도 냈다.

일본에는 한때 '비누풍수'라는 것이 유행했다. 방위로 서쪽은 음(陰)의 영역으로 재물의 기운이 넘치는 곳인데 서쪽의 기운이 깃든 프랑스제 비누를 사용하면 금전운이 상승한다는 얘기다. 우습지만 일본의 주부들은 이 같은 말을 듣고 즐겁게 따라 한다.

2000년대 초반 경에는 독일의 프랑크푸르트도서전(Frankfurt Book Fair)에는 취재차 참가한 한국 기자들이 놀랄 정도로 엄청난 종류의 풍수 서적들이 선을 보였다. 현지의 대형 서점에 가보면 프랑스와 독일어 번역판 풍수 서적들이 넘쳐나는 것을 확인할 수 있다.

원래 서구에는 우리와 같은 자생적인 풍수는 없었다. 주로 동양의 영어권 홍콩이나 싱가포르, 말레시아 등의 풍수가들에 의해 저술된 책들이 영국, 프랑스, 독일 순으로 최초에 전파된 것으로 보면 된다. 이렇게 독일도 마찬가지로 풍수가 유행이다. 이곳에서만 2천명이 넘는 풍수컨설턴트가 활동 중이라 전해진다.

조명과 거울, 크리스털의 삼박자가 온전한 풍수 및 교정의 완벽한 연출이 스와로브스키에서는 자연스럽게 나타난다. 천장에 달린 크리스털 모빌은 스와로브스키의 고유성을 지녔다.

얼핏 수긍하기 어려운 얘기지만 차분히 들어준 황 대표의 안내로 매장 안을 둘러봤다. 흥미롭게도 이 회사의 인력 90% 이상이 여성이다. 남자들에 비해 여직원들의 충성도가 높다는 말인데 이는 황 대표의 경영 철학과 무관치 않다. 한마디로 디테일을 중시한 까닭이다.

브랜드 자체와 역사에 세심한 여성적 면모가 깃들었다. 황 대표의 브랜드에 대한 애정과 열정은 남달라보였다. 그는 한국에서 스와로브스키 정신을 더욱 특화시킬 의지를 지녔다. 이를 통해 '창조와 혁신, 완벽함'으로 한 발 더 앞서겠다는 의지다.

눈앞에 펼쳐진 다양한 제품군 중에 보다 직접적인 풍수적 의미가 담긴 몇 가지 소품을 골라 사진으로 담아봤다. 쇼윈도에는 다양한 크리스털조각상 들이 놓여있는데 이중 몇 가지 동물상을 꺼냈다. 비록 사진으로 담지는 않았지만 용(龍)과 코끼리의 조각상도 눈에 띄었다.

풍수에서 용상이 내뿜는 파워는 막강하다. 용은 곧 풍수의 수(水)로 설명되기도 하므로 재물을 끌어 모으는 기능을 한다고 본 것이다. 용은 자연의 힘을 상징하는 궁극적 표상이기도 하다. 그래서인지 용의 기물은 엄청난 행운과 풍요를 상징한다. 이때 중요한 점은 용이 손으로 여의주를 쥔 모양이어야만 한다는데 있다. 손에 쥔 여의주는 세상의 보배를 수중에 넣었다는 뜻이다.

호사가들은 용의 기물을 과장했다. 용의 머리를 출입구 바깥으로 두면 기후도 조절할 수 있다는 것이다. 매장에서 본 크리스털 용은 아쉽게도 여의주를 손에 쥐지 않았다. 풍수와 결합되지 않은 것이다. 반면 코끼리는 괜찮았다. 코가 하늘로 향했기 때문이다.

코끼리는 고길(高吉)이란 말에서 나왔다. 한 마디로 크게 길하다는 뜻이다. 영어로는 우아하다는 뜻에서 비롯됐다. 코를 하늘로 높이 쳐든 코끼리상은 구원을 얻는다. 오래 전부터 코끼리를 만나면 재복이 터진다고 했을 정도로 특별한 행운의 상징이었다. 이때 백상(白象)은 더욱 귀한 대접을 받는다.

그러므로 크리스털로 조각된 코끼리는 보다 특별한 상징성을 부여할 수 있다. 코가 땅을 향하는 코끼리상은 행운의 소품으로 여기지 않는다.

잔나비띠와 쥐띠, 용띠 생에게는 암소가 반안(攀鞍)의 동물로 최상의 기물이 된다. 범띠와 말띠, 개띠 생은 암소를 행운의 마스코트로 삼기에 부적합하다. 호랑이상은 말띠나 개띠에게는 행운의 기물로 적합하지만 잔나비띠와는 상극이다. 풍수에서 물고기는 재화를 창출시키는 촉진제 역할을 한다. 또 하늘로 오르는 물고기 그림은 인물의 천거를 비유해서 합격의 수호신이다. 수험생을 위한 행운의 기물.

큰 부자를 염원하는 중국인들은 돈방석에 앉은 암소의 조각상을 은밀히 보관한다. 무릇 부자가 되는 꿈을 지닌 자라면 암소의 기물을 주목해볼 일이다. 암소는 소원을 들어주고 현실로 이루게 하는 파워를 지닌 상징물로 각광받아왔다.

이 물건을 북방이나 서방에 두면 기적 같은 현상을 보게 될지도 모른다고 풍수의 호사가들은 선전한다. 가장 좋은 것은 금장의 브론즈 제품으로 금괴 조각들과 송아지가 딸린 황소가족상이다. 이것은 노력에 대한 충분한 보상과 휴식, 가족의 평안을 암시한다. 덧붙여 후손의 복록까지 기약하는 상서로운 의미를 담고 있다.

스와로브스키의 제품은 약간 푸른색이 감도는 황소의 상이다. 이것은 강도와 사고, 음모와 술수, 천재지변과 적군으로부터 자신을 보호하는 강력한 심벌로 인식된다. 특히 코뿔소는 더 좋다. 눈이 얼굴의 옆에 붙어 있어 시력은 좋지 않으나 뒤쪽도 시야에 들어오므로 재앙에 대비할 수 있다고 본 것이다. 무언가 부족하다는 생각이 드는 순간 드디어 임자를 제대로 만났다. 붉은색이 조화된 물고기 조각상이다.

물고기는 각광받는 교정수단이다. 살아 있는 싱싱한 물고기는 바다의 결실로 가옥이나 사무실을 더욱 풍족하고 안전하게 만든다. 수(水)와 직결되므로 풍부한 재화를 얻는 작용력이 있다고 본다. 그래서 물고기가 죽으면 즉시 교체해줘야 하는 것이 이런 이유에서다. 실제 물고기가 상징하는 의미는 더욱 심원하다.

절의 대웅전 처마 밑 네 귀퉁이에 달린 풍경에는 어김없이 물고기 모양의 장식이 달려있다. 또 옛날 옷장이나 돈궤 등의 자물쇠통도 대부분 물고기 모양이었다. 이뿐만이 아니다. 전쟁터의 장수가 입은 갑옷은 비늘 모양의 무늬였고, 민화에는 새가 물고기를 물고 날아오르는 장면이 많다.

소위 풍수지리의 형기론자(形氣論者)들은 명당을 잡을 때 흔히 사람이나 동식물의 형체에 비유해서 혈처(穴處)를 찾기도 한다. 이때 유어상탄형(遊魚上灘形)이니 어두형(魚頭形)이라 해서 어김없이 물고기가 등장하는데 이런 형상의 명당은 합격, 장군 또는 수호신을 상징하는 것으로 알려졌다.

이외에도 물고기가 상징하는 것들은 많다. 물고기가 도둑을 지켜준다는 것은 잘 때도 눈을 뜨기 자기 때문에 생겨난 믿음이었다. 서구인들은 엽전 위에서 노는 청동 물고기 상을 두고 돈 잉어(Money Carp)라 하고 중국인들은 황금물고기라 해서 기적적인 발전과 부를 가져온다고 믿는다.

물고기는 성서에서도 천국에 비유되는 기적 현상에 등장한다. 풍수에서 수족관 교정을 할 때는 주로 금붕어를 쓴다. 물고기는 '명리36금수'에서 진토(辰土)로 분류된다. 십이생초(十二生肖)에 辰은 곧 용(龍)인데 조화를 부려 기적을 일궈낸다는 강력한 힘을 암시한다.

최근에는 벽걸이 수족관을 심심치 않게 볼 수 있는데 보통 가정에서는 동쪽이나 북쪽, 서쪽의 벽면에 설치하면 적합하다. 수조의 높이도 풍수에 영향을 미치는데

60~130센티미터 정도가 적합하다. 물은 원칙적으로 높은 곳보다 낮은 곳에 있는 게 자연스러운 현상이므로 너무 높으면 곤란하다. 어른의 심장 높이 정도가 적합하다는 풍수전문가의 견해가 있기도 하다.

현장에서 필자의 건성건성 빠른 설명이 이어지자, 매장 직원들의 호기심 어린 눈빛이 살짝 느껴졌다. 아마도 조금은 풍수에 대해 관심을 가질지도 모르겠다. 무엇보다 크리스털과 친근한 이들은 브랜드에 대한 자부가 있다.

여기에 풍수적 의미를 보태면 아름다운 크리스털 제품이 지닌 더 막강한 파워를 알게 된다. 어쩌면 '스와로브스키 풍수(Swarovski fENGSHUI)'로 특화된 브랜드가 탄생할지도 모를 일이다. 스와로브스키는 동양의 미학이 세련되게 결합되기에 안성맞춤이란 생각이 들었다.

올해 초 신년벽두에는 스와로브스키 엘리멘트 한국전이 있었다. 115년 전통의 스와로브스키 엘리먼츠가 우리의 한복 디자이너들과 함께한 콜라보레이션 작업인데 이러한 협업이나 시계 컬렉션 등의 기술적 혁신을 통해 끊임없이 시장을 넓혀왔다.

'이미 좋은 것도 항상 개선하자'는 사훈대로 구체적 사물을 벗어나 풍수와 같은 추상적 개념과의 융합을 꾀한다면 새로운 지평을 보게 될지도 모를 일이다.

④ 이병철 하나다올신탁 사장 편

이병철 하나다올신탁 사장

한 우물 파면 대성하는 명(命)

강렬한 황소그림 눈길

남자의 재성(財星)은 육친으로 곧 처(妻)

북쪽 출입구 사무실 책상 위치는 동쪽

이 지면의 문패인 'CEO 풍수갤러리'가 이번에 임자를 제대로 만났다. 강남구 대치동에 자리 잡은 하나다올신탁 본사에는 풍수적 의미를 가득 담은 각각의 그림과 기물 등이 구색을 갖췄다. 그리고 대체로 잘 조화됐다. 화려한 색상의 그림은 울긋불긋 다채로워 시선을 끌고 마음을 빼내는 데가 있다. 이뿐만이 아니다.

각 층의 현관문 입구에는 사자머리 개나 해태상 등이 좌우로 어엿하게 사업장을 수호하고 있다. 이만하면 이곳의 사업주는 틀림없이 동양미학에 소양이 밝은 자라는 생각이 미친다.

안면이 있어서일까. 겸손한 태도가 정겹고 고분고분한 이병철 사장은 업계 최초라는 수식이 꼬리표처럼 따라다닌다. 2001년 건교부 리츠(REITs) 1호 인가업체인 (주)W 에셋을 설립했고, 2004년 민간으로는 처음으로 은행 공동출자 부동산신탁사인 다올신탁의 대표이사가 됐다.

근래에는 국내 최초의 부동산전문자산운용사를 론칭했다. 현재 직명은 하나금융그룹 부동산사업 그룹장 겸 하나다올신탁 사장이다. 이 사장은 고려대학교 경영대학 학부과정을 중퇴하고 이른 나이에 실업을 일으켰다.

얼마간의 곡절 끝에 큰 성공을 거두었다는 평가다. 그는 외환위기 직후 부동산 투자 회사를 세워 부동산업계에 처음 발을 들여놓았다. 당시에는 수많은 외국계 부동산 투자사들이 국내에 진출해 부동산 자산을 헐값에 사들여 큰 수익을 남길 때였다. 이때 '토종 대항마'를 키우겠다는 의지와 계획의 실현이 오늘날 성과를 낳았다. 그간 해외에는 있었지만 국내에는 없었던 상품과 새로운 금융구조를 만들어낸 것이다.

지금은 '처음'이라는 꾸밈말을 벗어나 '최고'를 지향하는 포부를 다지고 있다. 쉽게 말해 우리나라에서 부동산을 테마로 한 거대한 기업을 꿈꾸는 것이다. 목표로 가는 도정에서 하나다올신탁은 부동산 관련 전체 인력을 한 곳으로 모아 원스톱 서비스를 제공하는 산실이 됐다.

이병철 하나다올신탁 사장. 일로매진으로 큰 성공을 이룰 명(命)이다.

한 우물 파면 대성하는 명(命)

잔나비띠, 무신생(戊申生)의 이 사장은 계해일(癸亥日)에 태어났다. 10간의 열째인 계(癸)는 줄을 감는 얼레에서 본뜬 글자라는 설이 있다. 그래서인지 대개 이날 태어난 사람들은 십중팔구 사교적인 성향을 띤다. 팔자의 운로(運路)가 잘 펼쳐지면 능한 교제술로 성공하고 장수한다고 했다.

특히 해일(亥日)의 천문(天門)에 속하면 선견지명에다 해수(亥水), 수기(水氣)의 지혜가 겹쳐 두뇌가 명석하다. 태어난 날을 기준으로 총명하기로는 신묘일(辛卯日)과 계해일(癸亥日)이 선두를 다투는데 둘 다 겉으로는 순하고 속은 굳센 부류로 수양을 쌓아 어디가든 환대받는 유형이 많다.

이 사장의 팔자를 보면 무신(戊申)과 병진(丙辰)의 연월에서 신진수국(申辰水局)을 지었고 여기에 해수(亥水)까지 더해 풍부한 수원(水源)을 확보했다. 망망대해의 상이다. 하나의 목표를 정해 묵묵히 매진하면 국제적 인물이 될 공산이 크다.

올해 다올자산운용은 부동산 거래로는 드물게 해외부동산을 매입하는 계약을 성사시켰다. 말레이시아의 빌딩 6개 층에 대한 분양권을 749억원에 매입한 것이다. 지난해 6월에는 국내 기관투자자들로부터 자금을 모집해 약 4000억원 규모의 미국 샌프란시스코 웰스파고은행 본사 빌딩을 사들였다.

향후로도 국내 부동산을 물론 해외의 우량 실물 부동산 투자를 적극 확대시켜 나갈 전망이다. 이 사장이 태어난 시간은 계축(癸丑)이다. 계일(癸日)이 축시(丑時)에 나면 종내 반안(攀鞍)의 영예로운 지위에 오른다.

사업장에는 강렬한 황소 그림이 눈길을 확 끈다. 이 그림은 한국화를 전공한 사석원 작가의 작품. 해학이 담긴 가운데 강렬한 힘이 느껴지는 황소의 부릅뜬 눈빛이 야성을 뿜어낸다. 무신생의 이 사장에게 이 그림은 그 어떤 부적(符籍)보다 효용이 클 듯싶다.

황소는 십이생초(十二生肖)로 축(丑)에 속한다. 때로 동물 그림에는 작가가 의도하는 이상의 상서로운 에너지가 넘쳐난다. 다만 절대적으로 좋다는 얘기가 아니다. 혹자에게는 그것이 패망의 전조가 될 수도 있다.

팔자의 그릇이 정관용재(正官用財)의 귀격을 지으면서 연월의 자리에 투출한 처자(妻子)가 다 현출한 모양새다.

형세가 이러하면 가족 부양에 다소 버거운 데가 있다. 하지만 가정에 소홀해도 배우자가 조력하는 부창부수(夫唱婦隨)의 화목이 깨지지 않는다.

결론적으로 한 우물만 파면 반드시 크게 성공하는 명(命)이다. 구태여 우려스런 점을 짚는다면 생시와 생월의 축진파(丑辰破)다. 이 두 글자는 단단하지 않고 무른 흙토(土)의 성분이다. 이 두 글자가 서로 부딪치면 둑이 터져 침수되는 물상이 나타난다.

다시 말해 사람의 이상이 크게 높으면 시련과 장애가 함께 짝을 짓기 마련이란 얘기다. 계해(癸亥)는 돌고 도는 유동수(流動水)의 물로 고위직에 있다가도 급전직하(急轉直下)로 돌변해서 절망적인 상황에 봉착하는 수가 있다. 보통 축년(丑年)이나 진년(辰年) 등의 때를 만났을 때 저조한 운기를 실감했을 가능성이 있다.

이를테면 지지난해 기축년(己丑年)이나 곧 다가올 2012년 임진년(壬辰年) 같은 때는 다소의 어려움을 겪기 쉽다. 조심할 필요가 있다. 어쨌든 고통을 극복할만한 근기(根氣)는 팔자에 충분히 반영돼 있다고 본다.

이 사장과 회동한 날은 무더운 초여름 날씨가 이어지던 오전 일과 시간이었다. 본사 12층에 마련된 접견실에서

차를 마시며 가벼운 담론을 이어가던 중 무수한 풍수 소품이 눈에 들어왔다. 반가운 일이다. 마치 홍콩의 어느 금융기관을 방문한 느낌이 들 정도. 아니나 다를까, 이 사장이 먼저 이 점을 화제로 삼는다. 자신이 방문했던 홍콩 현지 금융기관에서 받은 감흥에 몇 가지 힌트를 얻어 내부 인테리어에 응용했다고 한다.

사자머리 개의 기물을 서북방에 두거나 현관 앞에 두면 날로 번창하게 되고 충견(忠犬)같이 재산을 잘 지킨다.

대표적인 사례가 이곳 헤드쿼터의 출입구 양쪽에 자리잡은 두 마리의 사자머리 개상이다. 개는 충직한 동물이다. 또 먹을 것을 탐내고 절제하지 못한다. 돈 모으기가 끝이 없다. 이 개는 복견(福犬: Fu Dog)으로 널리 알려진 풍수 기물의 가장 대중적인 히트 상품 중 하나다.

왼쪽 발에 쥔 구슬은 행운의 전조다. 야수성을 지닌 이 개는 재산을 모으고 또 그 재산을 철벽같이 지킨다. 이외 단순한 모방을 넘어선 풍수 교정물도 적지 않게 발견할 수 있었다. 중국이나 동남아, 홍콩 일대의 현지 금융사 분위기와는 한결 다른 느낌을 준다.

사무 공간 전체에는 이 사장의 영감(靈感)이 알게 모르게 많이 스며들었다. 흔하게 구할 수 있는 보통의 풍수 소품이나 기물 등과 달리 각각의 사물에는 스토리가 담겨있다. 단적인 예로 돈을 부른다는 세발 두꺼비, 삼족섬(三足蟾)은 가장 대중화된 풍수 마스코트인데 이곳에 놓인 두꺼비는 엽전도 물지 않았다. 실제 두꺼비 원형에 가까운 옥의 재질로 된 기물이다. 그러니까 현지에서 손쉽게 구매한 소품이 아니라 가만 심중에 두었다가 흥취를 돋우는 특별한 대상을 찾으면 비싼 비용을 치러서라도 소장하는 식인 것 같다.

독특한 취향에 정성이 배였다. 은연중에 풍수가 부자를 실현하는 동양의 경험 철학이란 관념을 지닌 실업가의 수는 상상 이상으로 많다. 화교들은 삼족섬을 비슈(貔貅)라

하고 서구인들은 머니 프로그(money frog)라는 애칭으로 부른다. 우리나라에서도 심심치 않게 볼 수 있는 이 소품은 정작 누구에게나 다 좋은 게 아니다. 일단 팔자에 진토(辰土)라는 글자가 있어야 꽤 유용하다.

이를테면 앞의 명조(命造)에서 병진(丙辰)과 같은 간지가 있을 때에 해당되는 말이다. 또 돼지띠나 토끼띠, 양띠에 한해 특히 두꺼비는 행운의 상징이 된다. 여느 때와 같았다면 이 같은 소품들이 기사의 한 부분을 장식했을 터지만 이번에는 달랐다. 아기자기한 소품 등은 지천에 널려있었지만 이보다 더 월등한 풍수 교정물이 눈길을 끌어 사진으로 담을 여지가 없다.

이 사장의 집무실 책상 뒷벽에는 김덕용 작가의 `꽃길`이라는 정겨운 풍취의 아름다운 그림이 걸렸다. 풍수에서 길은 수(水)에 속한다. 또 잠자리가 나는 공간은 마치 연못을 연상시킨다. 이런 그림은 등을 지고 배치해선 곤란하므로 위치를 옮길 필요가 있다. 등 뒤의 그림으로는 배산(背山)의 이치에 맞게 산이나 성벽, 빌딩 등을 주제로 삼은 그림이나 사진이 적합하다.

집무실 밖 복도 [봄], [여름], [가을] 풍경화 그림. 인선준 선생이 그림 위치와 배치에 대해 설명하고 있다.

강렬한 황소그림 눈길

집무실을 나서면 최영걸 작가의 작품 `봄`, `여름`, `가을`이 복도에 나란히 걸려 있다. 아직 작품 `겨울` 하나를 소장하지 못했다. 작품 `봄`은 전남 구례, 가을은 전남 장성과 같은 식으로 실제 정경을 화폭에 담아 보기에 색다른 데가 있다.

동행한 인선준 선생은 이 그림들을 사방의 내부 공간에 입체적으로 전시하면 좋겠다는 의견을 펼쳤다. 봄은 동쪽, 여름은 남쪽, 가을을 서쪽에 두면 보국(保局)이 잘 형성된 효과를 본다는 것이다. 보국이란 산이 사방을 감싸 그 안에 생기는 공간 전체를 말하는데 주변의 산수와 조화를 이루면 곧 명당이 된다. 그럴듯한 설명이다.

사석원 작가의 동물 그림이 다올신탁 풍수의 핵심. 잔나비띠의 이 사장에게 황소는 반안(攀鞍)으로 명예, 호랑이는 역마(驛馬)로 풍요를 상징한다.

하이라이트는 여러 군데에서 볼 수 있는 사석원 작가의 동물 그림들이다. 사 작가의 그림은 몇 작품을 보지 않아도 단번에 알아차릴 내용이 있다. 작품 소재가 '동물'이다. 과거에도 그렇고 지금도 계속 작품 속에서 동물이 등장한다. 그 종류도 '소, 양, 말, 닭, 개구리, 당나귀, 호랑이, 토끼' 등 무수히 많다. 채색이 현란하고 단순하면서도 역동적인 생기발랄한 느낌이라 저절로 눈이 간다.

출입구 정면의 십이지(十二支) 그림은 전통적인 정서를

물씬 풍긴다. 사 작가의 작품에서는 "한국의 냄새가 나고 원시적이며 역동적이다. 여기에 뛰어난 해학이 내포됐다. 힘이 넘치지만 평온한 감을 준다"는 공통적인 느낌과 평이 주류를 이룬다. 여기에 필자의 생각을 좀 더 보태고 싶다. 왜 동물일까. 분명 예사롭지 않은 기(氣)가 있다.

이것들은 정말 훌륭한 방편(方便)이 될 수 있다. 십이신장(十二神將)에 버금가는, 현대인들에게 더 알맞은. 가령 잔나비띠의 이 사장에게 '황소' 그림은 최선의 선택이다. 그는 이 그림에 자연스럽게 마음을 뺏겼다고 했다. 작가를 흠모하는 마음이 커서인지 동일 작가의 다양한 동물 그림 컬렉션이 주요 소장목록을 차지하고 있다.

아래층에서는 붉은 색채가 강렬한 `모란과 호랑이` 작품이 눈에 띄었다. 호랑이는 인목(寅木)에 배속된 십이지수(十二支獸)다. 잔나비띠의 수명(水命)에 호랑이 그림이나 기물은 역마(驛馬)에 속한다. 이 역마에는 식신(食神)과 재물(財)의 목화(木火) 기운이 담겼다. 부지런히 움직이고 발전한다는 길한 의미를 품는다. 보통 '원숭이, 쥐, 용띠'에게 호랑이 그림은 호재로 작용하지만 '뱀이나 닭, 소띠'에게 호랑이 그림은 절지(絶地)의 단절을 암시하므로 불리하다.

남자의 재성(財星)은 육친으로 곧 처(妻)

양택(陽宅)의 길흉 판단은 팔방(八方)이 주가 되는데 재물의 증식이나 유통과 관련해서는 서쪽의 태방(兌方)과 동남쪽이 손방(巽方)이 유리하다고 했다. 단지 재물에 초점을 맞추어 음양의 이치를 살피자면 음의 영역은 재물의 입수와 축적을, 양의 영역은 재물의 순환과 유통을 의미한다. 채광이 밝은 거실이나 불을 많은 쓰는 주방은 대개 양의 영역으로 구분되는데 이곳에 지갑이나 핸드백을 두면 지출이 증가하게끔 돼 있다.

반대로 안방의 수납장에 지갑을 두면 지출보다 소득이 늘어난다. 서양에도 '어두운 곳에서 재물의 에너지가 증폭된다'는 말이 있다. 몇 해 전 이 사장은 풍수전문가의 도움을 받아 금고를 두는 영역을 정했다고 해서 필자가 한 번 둘러본 적이 있다. 금고가 위치한 방위는 적정했지만 한 가지 놀란 점이 있었다. 24시간 금고 위에 조명을 밝혀 두고 있었던 것. 한마디로 난센스다. 즉시 조명을 끄게 하고 캄캄한 공간으로 탈바꿈시켰다.

남편이 양(陽)이면 부인은 음(陰)이다. 그래서 옛말에 '부자가 되려면 돈이 부인의 치마폭을 거쳐야 한다'고 했다. 가정에서 재물의 관리는 안방마님의 몫이 돼야만 재물이 모이는 법이다. 팔자술에서 남자의 재성(財星)은 육친으로 곧 처(妻)를 뜻하는데 부자가 되려면 좋은 배우자와 인연을 맺어야만 한다는 얘기와 통한다.

부자를 따라한다고 해서 부자가 되리란 법은 없다. 부자들은 한결같은 공통점이 있다. 보통 배우자에게 꽤나 만족한다. 좋은 배우자와 인연이 되지 않는 운명은 실로 부자가 되기 어렵다. 이때 방법은 하나다. 악처라도 좋은 배우자가 되게끔 노력을 해야 한다.

생활에서 재물운을 좋게 하려면 아내의 기분부터 좋게 만드는 게 첩경이다. 처와의 궁합이 온전하지 않고서는 재운이 평탄할 수가 없다. 독신이라면 좋은 이성과의 인연을 만들기 위해 노력할 필요가 있다. 일단 기분을 좋게 하는 상대가 최선의 궁합이다.

이러한 공식과 관련해 재미있는 비방이 하나 있는데 혹 부부간의 모임이나 가족 모임에서 고스톱 같은 놀이라도 할라치면 부인을 옆에 두는 게 백번 유리하다. 방이나 공간에서 서쪽이나 동남쪽 영역으로 자리를 잡고 부인이 남편 뒷자리에 바짝 앉아 슬그머니 남편 몸에 손을 대고 있으면 십중팔구 돈을 잃는 법이 없다.

보통 재물운을 고양시키고 행운을 부른다는 기물은 재물의 영역에 두면 무방하다. 반면 조상의 사진이나 종교기물 등은 두는 방위가 따로 있고 이 점을 철저히 유념해 배치해야 마땅하다.

다올자산운용 입구에 놓인 탑. 탑은 장소를 잘 택해 놓아야 한다. 천살(天煞)방위가 좋다.

본사의 10층에는 하나금융지주의 부동산 전문 자산운용 계열사인 다올자산운용이 자리 잡고 있다. 이곳의 입구에는 특이하게도 탑(塔)이 놓여있다. 이 사장이 경북 상주에서 골동품으로 구입해서 여기에 가져다 놓았다는 것이다.

자신의 이상을 실현코자 하는 염원을 담았다는 의미를 부여한 모습을 보니 분명 별스러운 데가 있다. 탑 주변으로는 낙산사에서 가져온 기왓장을 썰어 담을 쌓아 치장하고 조명을 밝혔다. 가만 응시하니 일종의 신비감을 불러일으킨다. 탑은 상층부로 갈수록 뾰족해지면서 강렬한 기가 응집된다. 사람을 죽이기도, 살리기도 하는 애환과 소원이 담겼다.

사찰에서 탑은 부처님이나 기타 덕이 높은 스님들의 신골(身骨)인 사리를 넣는 무덤이다. 그 후 탑은 무덤의 성격과 기념물적인 성격을 동시에 지닌 숭배의 대상으로 바뀌었다. 이 사장에게 실내의 탑은 높은 이상을 향한 열정과 간절한 기원 두 가지 뜻을 품은 기물인 듯싶다.

정상으로 향하는 노정에서 각 층에 패이고 진 굴곡을 넘어설 자신감이 있다는 뜻일까. 수십조의 자산을 운용하는 세계 유수의 종합부동산회사들과의 한판 승부를 피해가지 않을 태세다. 하지만 탑은 장소를 잘 택해 놓아야 한다. 천살(天煞) 방위에 둬야 한다. 잔나비띠라면 공간의 서남 영역에 배치해야 하는 것이다.

북쪽 출입구 사무실 책상 위치는 동쪽

복이 들어오는 발복(發福)에도 시효가 있다. 명리(命理)에서는 선천수(先天數)를 활용하는데 풍수에서는 보통 오행수로 판단한다. 대개 CEO의 책상이나 집무실이 위치한 방위의 오행이 판단의 근거가 된다. 가령 북쪽에 출입구가 있는 사무실의 동쪽에 책상을 놓으면 빠르게 성공할 수 있는 복가(福家) 배치가 된다.

여기서 동쪽은 오행의 목(木) 자리로 해당 오행수는 3과 8이다. 이 숫자는 빠르면 3년, 늦어도 8년과 같은 식으로 응용돼 발복 시효를 암시한다. 이런 식으로 성공을 미리 예감할 수 있다. 이러한 성공이 영원히 계속되면 좋을 것 같지만 아쉽게도 시효가 있다. 시효가 끝나면 복도 끝나기 때문에 복이 들어오는 자리 배치를 미리 다시 할 필요가 있다.

앞에서처럼 처음에 동쪽에 책상을 놓았다면 이번에는 남쪽이나 동남쪽의 영역에 배치하는 것이 좋다. 이런 식이면 사업의 규모를 지속적으로 키울 수 있다. 북쪽 출입구와 동쪽 자리는 새로 사업을 시작하는 경우나 업종을 전환할 때 유리하지만 오래 사업을 하는 이들에게는 효과가 덜 미친다. 여러 해 동안 무난하게 사업을 하는 경우라면 시간이 지나 사업이 기울어지는 하향세를 겪기도 한다.

오행수는 하도(河圖)를 바탕으로 한 오행론의 기본이다. 하도는 중국의 전설에 나오는 복희씨(伏羲氏) 때 황하에서 나온 용마(龍馬)의 등에 나타났다는 55개의 점을 말하며 주역의 근본이 됐다고 전해지는 그림이다. 하도는 우주 자연이 생성되는 이치를 설명한 것으로 암흑과 혼돈의 공간에서 창조되는 각각의 기운 순서를 설명한다.

첫째는 수(水), 둘째는 화(火), 셋째는 목(木), 넷째는 금(金), 다섯째는 토(土)의 기운으로 본 것이다. 따라서 1水, 2火, 3木, 4金, 5土라는 고유수가 부여됐다. 이를 생수(生數)라고 말한다. 여기에 각각 5를 합한 수, 이를테면 물의 기운인 1과 흙의 기운인 5가 합해져 6의 수를 이루는 것을 성수(成數)라고 한다. 그래서 물에 의해 만들어진 생명체는 6의 수로 이루어짐을 뜻한다.

보통 물은 물 분자가 고리를 이룬 상태로 존재한다. 이 가운데 물 분자 5개 고리로 연결돼 있는 5각형 구조와 6

개가 연결돼 있는 6각형 구조가 가장 많다. 이 가운데 6각형 고리 구조의 물을 육각수라 부른다. 생체 분자가 좋아하는 물의 구조가 바로 육각형 고리인데 물의 기본이 곧 육각수라 할 수 있다. 이렇게 성수를 만들 때는 각각의 오행수에 흙의 기운인 5를 더해야 비로소 하나의 물체가 형성된다고 보기 때문이다. 이로써 1·6水, 2·7火, 3·8木, 4·9金, 5·10土라는 홀수와 짝수의 음양이 배합된 숫자 조합이 형성되는데 수량이나 시간을 표시해 길흉을 따진다.

이를테면 수량의 측면에서 과거에 대문 위치를 기준으로 동쪽에 문이 나 있는 동사택의 복가(福家)일 경우 재산의 정도는 3000석이나 8000석 등으로 가늠했던 식이다. 이때 주택의 방위인 좌향만 좋으면 3000석 정도로 추산하고 주변 지세까지 명당인 경우에는 8000석으로 계산했다.

시간적 측면으로는 주인의 자리가 기준이 되는 것으로 안방이 위치한 영역에 해당되는 오행수로 성공의 기한을 예상했다. 서구에서 간추려진 현공 풍수 이론에서는 출입구의 위치에 따른 길흉화복을 공식처럼 정해 실생활에 응용토록 하고 있다.

이때 왕방(旺方)과 재방(財方)에 주목하는데 기대 이상으로 효과가 크다. 왕방은 출입구의 위치를 기준으로 할 때 가장 왕성한 지기(地氣)가 미치는 곳으로 대길의 방위에 속한다.

여기서 말하는 재방은 왕방에 견주지는 못하고 우여곡절을 야기하는 영역이지만 응용하는 방법에 따라 재운을 고양시킬 수 있다고 본다. 건물 전체에서 재방에 해당하는 자리에 재정 부서를 두거나 금고를 두면 자금의 유동성이 확보되고 위기를 벗어날 수 있다.

단 이때 고비를 넘기거나 장애가 제거되면 이러한 조치를 해제하고 다른 길방을 찾아 자리 배치를 다시 해야 한다. 하나다올신탁의 경우 한번쯤 공간 배치에 손을 볼 때가 된 듯싶었지만 시간적 여유가 없어 대동한 풍수전문가인 선생을 통해 후일을 기약했다.

■ 구체적으로 방향에 따른 재방과 왕방의 방위는 다음과 같다.

1. 문이 정북방에 위치하면 재방은 동쪽과 서남쪽, 왕방은 남쪽, 동쪽, 북쪽이 된다.
2. 문이 동북방에 위치하면 재방은 동남쪽, 왕방은 서남쪽과 동쪽이 된다.
3. 문이 정동방에 위치하면 재방은 북쪽과 서남쪽, 왕방은 남쪽과 동남쪽, 서북쪽이 된다.

4. 문이 동남방에 위치하면 재방은 동쪽과 서남쪽, 왕방은 북쪽과 서쪽, 서북쪽이 된다.
5. 문이 정남방에 위치하면 재방은 동남쪽, 왕방은 북쪽과 서남쪽이 된다.
6. 문이 서남방에 위치하면 재방은 서쪽, 왕방은 동북쪽과 서북쪽이 된다.
7. 문이 정서방에 위치하면 재방은 북쪽과 동남쪽, 왕방은 서북쪽과 동쪽이 된다.
8. 문이 서북방에 위치하면 재방은 동쪽과 남쪽, 왕방은 서남쪽, 동남쪽이 된다.

⑤ 정정길 한국학중앙연구원 원장 편

정정길 한국학중앙연구원 원장

판교는 존경받는 학자가 나는 풍수지리
종내 교육자로 대성하는 명
국사봉과 운중천에 둘러싸인 배산임수의 명당 터
풍수인테리어와 관련이 깊은 호랑이 그림
절체절명의 위기에서 구해주는 인연은 장성의 띠를 가진 사람

건물이 기댄 청계산 능선이 비교적 평탄하게 펼쳐진 모양새의 한국학중앙연구원은 학문과 인재를 배출할 지세다.

본격적 장마철이 지나가는 결에 잠깐 소강상태에 빠진 맑게 갠 날 성남시 분당구에 자리 잡은 한국학중앙연구원(한중연)을 찾았다. 이곳은 한국학의 본산이다. 우리의 문화를 연구하고 교육하며 진흥하고자 설립된 재단법인으로 종래에는 한국정신문화연구원으로 알려졌던 곳이다. 지난 2005년 지금의 명칭으로 문패를 바꿔 달았다.

오래전부터 연구원이 위치한 이 일대는 명당 터로 소문

이 났다. 겉보기에도 양지바른 좋은 터에 연구원을 조성했다는 느낌이 든다. 택지도 견고하고 토질도 좋아 보인다. 풍수에서 양택(陽宅)은 사람들이 거주하는 환경을 연구하는 분야인데 자연친화적이면서도 과학적인 학문을 지향하고 있다. 예컨대 거주하는 공간에 공기가 원활하게 소통되는지, 빛이 충분히 들어오는지, 물이 어떻게 흐르는지를 중시하는 것도 이런 이유에서다.

이상은 다 건강과 직결되는 문제다. 흔히 '양택을 본다'고 하면 건물 내부의 배치나 장식, 주로 인테리어에 국한하는 경향이 있는데 이는 잘못된 생각이다. 건물의 외부와 내부를 모두 포괄하는 게 양택풍수다. 이때 건물의 외부는 내부보다 더 중요하다. 건물이나 주택을 볼 때는 먼저 외부를 보고 난 뒤에 내부를 보는 원칙이 있다. 만약 외부가 몹시 불리한 형세면 비록 내부를 조정해도 큰 도움이 되지 못할 때가 많다. 외부 환경이 본(本)이고 건물 내부는 말(末)이므로 본말이 전도돼서는 안 된다.

고서에 이르길 이기(理氣:건물의 좌향으로 생기의 소재를 파악하는 방법)를 입으로만 말하고 만두(巒頭:산수의 형세를 보아 생기의 소재를 판단하는 이론)를 논하지 않으면 진정한 풍수가가 아니라고 했다. 정통 풍수에서 만

두는 양택의 중추가 되므로 외부 환경이 우수하면 이에 따라 선택된 건물이나 주택은 복가(福家)로 볼 수 있다.

이런 맥락에서 한중연의 첫출발이 좋았다. 건물이 산을 기댄 모습이기 때문에 일단 합격점이다. 보통 건물 뒤에 크게 높지 않은 산이나 산비탈이 있으면 건물이 산에 기대어 있는 것으로 본다. 이런 형국은 사업을 안정시키면서 재물을 모이게 하고 거주민을 평안하게 만든다. 특히 앞이 낮고 뒤가 높은 지형에 지은 건물을 가장 이상적인 형태로 본다. 이는 자연스럽게 바람을 막고 생기를 모으는 길지(吉地)일 가능성이 높다.

판교는 존경받는 학자가 나는 풍수지리

연구원을 쉽게 찾으려면 분당의 판교(板橋)라는 지명을 대면 한결 수월하다. 판교 신도시에 접어들면 따로 내비게이션이 필요 없을 정도로 가까운 곳에서 넉넉한 느낌을 주는 기관의 위용을 접하게 된다. 애초부터 이곳의 자연조건이 좋았다. 주변이 산으로 둘러싸여 있고 겨울에도 햇살이 잘 들어 눈이 쌓이지 않는다고 알려졌다. 그래서 비교적 풍수에 관심이 깊었던 것으로 알려진 박정희 전 대통령이 이곳을 명당으로 눈여겨보았다는 것이다.

연구원의 전임으로 재직 중인 이창일 박사의 전언에 따르면 1970년대 중반 지관(地官)을 대동하고 청계산 밑 현장에 임해 직접 잡은 자리가 지금의 한국학중앙연구원이란다. 이때만 해도 판교 일대는 한갓 시골 마을에 불과했다. 판교라는 지명도 옛날 일원의 하천인 운중천 위에 판자로 다리를 놓고 건넜다고 해서 주민들이 '닐다리' 내지

'너드리(너더리)'라고 불렀다는 데서 유래됐다는 설이 있다. 글자 그대로 널빤지, 판(板)으로 보면 그럴싸한 얘긴데 다른 의견도 있다.

'너들'이나 '너드리'는 '너르다'란 뜻으로 널찍하고 광활한 땅과 연관된다는 것이다. 판교라는 지명은 성남시 이외에도 전국에 꽤 많은 편인데 다리(橋)와는 전혀 관계가 없는 경우가 많다. 판교가 성남시로 편입되기 전의 지명은 광주군 낙생(樂生)면이었다. 지금은 낙생이라는 마을 이름이 없어지고 낙생고등학교가 흔적처럼 남아 있다.

근래 들어 판교 신도시는 '즐겁게 산다'는 낙생이라는 지명의 위력답게 조명을 받았다. 하지만 현실은 그리 만만치 않은 추세다. 부동산 경기가 살아나는 조짐을 보이지 않는 까닭이다. 어쨌거나 최근 부동산 경기 침체가 지속되면서 판교 일대 초고가 주택들 사이에서 풍수지리를 부각시킨 '명당마케팅'이 늘고 있다.

풍수에 민감한 부자들을 겨냥해서일까. 초고가 주택의 주 소비층인 VVIP 고객들이 풍수지리에 민감하다는 점을 고려해 일반적으로 진행해 오던 주택 조망과 입지조건을 강조한 기존 마케팅에서 나아가 풍수를 전면에 내세운 마케팅을 선보이고 있다. 예상됐던 현상이다.

화교권 국가는 물론 서구에서도 풍수가 결합된 부동산 비즈니스가 선보인지 이미 오래다. 근래에는 은행 PB센터에서 풍수 강연 및 컨설팅이 꽤 유행한단다. 별스럽다면 한국의 풍수마케팅에는 일반인들에게 생경한 형국(形局)의 명패가 붙어있다. 일종의 선전 구호로 쓰겠다는 발상에서 비롯된 것 같은데 '선인독서형(仙人讀書形)'이니 '금계포란형(金鷄抱卵形)', '용마음수형(龍馬飮水形)'등의 수식이 다소 지나친 감이 있다.

판교 풍수마케팅에는 이런 용어들이 구분 없이 다 붙어있는데 선인독서형 이외엔 걸맞지 않다는 생각이다. 선인독서형은 한마디로 신선이 책을 펼쳐 놓고 읽은 땅 모양을 말한다. 대표적인 곳이 이회창 선진한국당 전 총재의 선친묘소가 있었던 충남 예산군 녹문리 일대다. 또 조선시대 방랑시인 김삿갓이 어린 시절을 보낸 강원도 영월군 와석리 일대를 들 수 있다. 신선의 형국은 보통 학자가 많이 배출되는 지리로 볼 수 있다.

명색이 한국학중앙연구원의 사택부지 정도면 자연스럽게 이해가 되는 대목이다. 이러한 지형에서는 대개 존경받는 학자가 난다. 학업이 우수한 인재의 산실 정도로 의미를 두면 족한 것인데 용이나 말, 금계까지 거론해서 재물, 권세, 인기, 후손의 영광까지 과대 포장하면 타이틀이 너무 거창하다. 산이 둘러싼다고 해서 무조건 봉황이나 황금 닭이 포란(抱卵)할 리 없다. 산기슭에 하천만 있으면 용마음수(용과 말이 만나서 물을 마시는 형국)가 적용되는 게 아니다.

모 건설사는 귀인과 부자가 끊임없이 배출된다는 완사명월형(浣紗明月形)까지 거론했는데 이건 좀 심했다. 판교는 한남동이나 성북동과는 차별되는 풍수다.

한국학중앙연구원을 통할하는 정정길 원장을 인터뷰한 날은 비갠 뒤 화창한 오후였다. 그래서인지 기관은 더욱 맑은 자태를 드러냈다. 본관의 현관을 들어서기 직전 나침반을 꺼내드니 현관이 정남(正南)으로 향해있다. 정북(正北) 방향을 등지고 정남향을 바라보는 자좌오향(子坐午向)의 복가(福家) 배치다. 자(子)는 정북, 오(午)는 정남의 방위를 뜻한다.

풍수에는 삼대에 걸쳐 적선을 해야 자좌(子坐) 건물에 오향(午向) 대문을 낼 수 있는 행운이 따른다는 말이 있다. 실로 깊이 풍수가 개입됐다는 생각을 떨칠 수가 없다. 경복궁이나 청와대가 연상될 정도다. 아무나 주인이 될 자리가 아닌 듯싶다.

봉건 시대에는 임금이나 군주만이 자좌오향의 혜택을

누릴 수 있다는 사상이 지배적이었다. 그래서 어느 촌락이나 대갓집에도 정좌자(正子坐)를 한 가옥을 찾아보기 어려웠다. 능히 자좌(子坐)를 할 수 있는 자리도 서북방의 건좌(乾坐)나 동북방의 간좌(艮坐) 가상(家相)을 택했다. 좌향(坐向)을 다소 틀어놓은 것이다.

사무실의 자리에도 이 같은 원리는 적용된다. 남쪽에 출입구를 내고 북쪽에 사장 자리를 배치하는 것이 가장 좋다. 대기업일수록 이런 배치가 필요한데 빌딩의 현관 남쪽으로 내고 집무실을 현관의 대각선 방위에 두면 기업의 성공이 빠르고 승승장구한다. 현관 입구에서 이창일 박사를 만나 요약 보고와 몇 가지 자료를 건네받았다. 곧이어 비서의 안내로 2층에 위치한 원장실로 향했다.

산수(山水)는 곧 풍수와 의미가 통한다. 산수화를 로비나 거실의 감상하기 좋은 위치의 벽면에 걸어두면 재운을 고양시킨다. 책상 위의 산수화는 생뚱맞은 배치다.

종내 교육자로 대성하는 명

정정길 원장을 대면하니 첫눈에 느껴지는 인상이 정정했다. 사전에 예감했던 전형적인 관료풍이나 학자풍의 이미지와 달리 따뜻한 배려가 느껴진다. 매끄러운 말솜씨나 사교적인 친절로만 설명되지 않는 훈훈한 분위기가 감돌았다. 곧은 자세와 저력 있는 음성도 건강하게 기운에 차 보였다.

정 원장은 임오생(壬午生)으로 경남 함안 생이다. 서울대 법과대학과 행정대학원을 졸업하고 행정고등고시에 합격해 공직에 입문했다. 미국 미시간대 대학원에서 정치학 박사 학위를 취득하고 서울대와 미국 브루킹스 연구소의 객원 교수 등의 다채로운 경력을 쌓았다.

2000년대 들어 서울대 대학원장과 울산대 총장을 거쳐 2008년 6월에는 청와대 대통령실 실장에 임명됐다. 오랜 기간 화려한 경력을 쌓아온 셈이다. 지난해까지 이명박 정부에서 대통령실장을 역임한 뒤 올해 4월 한중연의 제

15대 원장에 취임했다. 임기는 2014년 4월까지 3년이다. 지금까지 지내온 경로나 경력을 살피면 크게 관료와 강단의 길을 오갔다.

계유일(癸酉日)에 났는데 월건(月建)은 을사(乙巳)고, 시진(時辰)은 갑인(甲寅)으로 계수(癸水) 일원(日元)의 갑을목(甲乙木) 식상(食傷)이 모두 투(透)했다. 이렇게 팔자에 식신(食神)과 상관(傷官)의 양 성분이 기세 좋게 드러나면 한 우물을 파기 어렵다. 달리 말해 물줄기가 양 갈래로 뻗어 고목과 화초를 다 키우는 격이라 진로가 무궁무진한 것으로 볼 수 있다. 대개 거침없는 변설과 뛰어난 직관을 가진다.

정정길 한국학중앙연구원 원장. 주인(鑄印), 기관이나 단체의 중추적 지위를 차지하는 명이다.

세간에는 정 원장이 학자 출신의 관리형에 무난한 인사로 기억되기 십상이다. 하지만 글쎄다. 팔자는 분명 다르다고 말한다. 시상(時上), 갑목(甲木)의 상관(傷官)이 건록(建祿)을 얻었다. 세가 이러하면 소탈한 가운데 통찰력이 뛰어나다. 한마디로 수가 앞서는 인사다. 기획과 전략 공히 탁월하다. 팔자의 격국(格局)은 인봉식상(印逢食傷)의 귀국으로 종내 교육자로 대성하는 명이다.

특이한 점은 생월과 생일의 사유합작(巳酉合作)으로 인수(印綬)가 주조(鑄印)된 물형이다. 이것은 옥새(玉璽)의 권위와 유관함을 상징한다. 그러므로 국가 기관이나 거대 단체의 핵심 인물로 중용될 명운을 타고 난 셈이다.

국사봉과 운중천에 둘러싸인 배산임수의 명당 터

통론해 한국학중앙연구원은 국사봉과 운중천에 둘러싸인 배산임수(背山臨水)의 명당 터에 위치했다. 운중천은 서출동류(西出東流: 서쪽에서 동쪽으로 흐르는 물)로 서울의 청계천 명당수와 같은 길수로 판단할 수 있다. 우리나라는 동고서저형의 지형지세로 하천의 대부분이 동출서류이므로 서출동류는 희귀한 편이다. 물이 서쪽에서 나와 동쪽으로 흐른다는 것은 지세가 북서쪽이 높고 남동쪽이 낮다는 의미다.

다시 말해 마을의 북서쪽은 산으로 막아주고 남동쪽은 트였다는 얘기다. 그러므로 하천이 서출동류하면 차가운 겨울철의 북서계절풍을 막고 따뜻한 남향이나 동향의 입지조건을 갖추는데 취락입지의 이상적 형태가 된다. 그래서 '명당수는 서출동류'라는 말이 나왔다. 청계산을 등뒤로 기대고 바라산을 바라보는 양지바른 곳의 노른자위에 연구원의 본관이 자리를 차지했다.

청계산을 등지고 대략 연구원의 중심 지점에서 바라산을 마주보니 의외로 높다. 한참을 바라보니 전망이 더욱 넓게 확 트이지 않은 느낌이다. 연구원의 앞뒤로 산의 정상 부위는 평탄한 일자문성을 이루어 신선의 형국임에는 틀림없는데 그 꿈이 원대하게 펼쳐지는 상은 아니다. 굳이 형국의 문패를 붙이자면 선인취회형(仙人聚會形)이랄까.

다시 말해 분수나 본분을 지키면서 평온한 생활을 누리기엔 최선이지만 혁신이나 도전은 잘 통하지 않을 지형이다. 보수(保守)의 기운이 강하다는 얘기다. 청계산 줄기인 국사봉이 만든 서판교 일대는 조선 시대 한양이 청계천을 앞에 둔 것과 흡사하다.

앞의 산들은 말잔등 같은 평탄한 모양으로 관료들이 태어나거나 거주하기에 적합해 보인다. 이처럼 평탄한 지세를 두고 새의 이름이나 날개를 등장시키는 형국 명칭을 쓰면 안 된다. 반면 동판교 일대는 운중천과 탄천이 감고 나가는 입지로 진취적인 기상이 강하다.

본관의 현관을 나서면 이내 운동장 너머로 큰 부속 건물이 눈에 들어온다. 올 7월 초 신축 개관한 장서각(藏書閣)이다. 조선 왕실의 아카이브(기록보관소)라 할 수 있는 장서각은 원래 왕실도서관으로 출발했으나 지금은 민간에서 소장한 사대부의 문헌까지 수집함으로써 명실 공히 조선시대 국가왕실과 민간을 아우르는 고문헌의 보고가 됐다. 장서각 자료의 중요성은 더 말할 나위가 없다.

이 박사의 안내로 정 원장과 함께 장서각까지 천천히 걸어갔다. 연구원 주변은 조경이 아름답고 귀한 나무들이 많다. 이들이 말없이 연구원의 역사를 서사한다. 남향으로 난 현관 입구를 들어서면 자못 숙연해진다. 비교적 안정된 토형(土形)의 건물에 천장이 높으므로 내부의 기운이 편안한 편이다. 권위적이거나 폐쇄적인 느낌은 들지 않고 시설을 이용하는 데 큰 무리가 없는 것 같다. 박한 예산 탓인지 디테일은 약간 부족한 감이 있어 아쉬움을 남긴다. 많은 사람들이 드나드는 공간은 아닌 것 같아 정적이다.

풍수적 시각으로 보면 장서각의 위치는 본관과 마주하는 안산(案山: 집터 맞은편에 있는 산)의 기능을 하는데 전반적으로 어울리지 않게 돼 있다. 신축 건물에 비해 본관이 꽤나 왜소하므로 주객이 맞지 않다. 부속동과도 조화가 되지 않아 이래저래 한중연의 풍수 점수를 깎아먹는 요소. 향후 혹 사소한 시비나 대립의 빌미가 될 공산이 있다.

안산은 다른 말로 저산(低山) 내지 책상산(書床山)으로 일컫는데 책을 읽는 사람 앞에 놓인 책상처럼 크기가 아담하고 작아야 발전하고 화합한다. 현재로선 책상이 너무 크다는 얘긴데 장서각의 규모를 문제 삼기보다는 향후 본관을 확충하면서 교정돼야 할 문제일 듯싶다.

책상 없이 책을 읽으면 올바른 독서 자세가 되지 않듯이 명당에 안산이 없으면 반쪽 명당이나 다름없다.

안산과 관련해 형국론으로 이야기를 풀어보면 예컨대 소가 누운 모양새의 와우형(臥牛形)에서는 풀 더미처럼 생긴 안산이 이상적이다. 선녀가 산발을 했거나 단장하는 형세에서는 머리빗을 닮은 안산이 제격이다. 뱀이 개구리를 쫓는 형국인 장사축와형(長蛇逐蛙形)도 마찬가지. 뱀 앞에는 개구리나 쥐 모양을 닮은 안산이 있어야 명당이 된다는 식이다. 호랑이 앞에 누워있는 개 형국의 안산, 이런 지세를 복호형(伏虎形)의 명당이라고 한다.

민속에 호랑이 그림은 액막이로 각광받았다. 원숭이띠나 쥐띠, 용띠에게 이 그림은 맞지 않고 사나운 느낌이 들면 해로울 수 있다.

풍수인테리어와 관련이 깊은 호랑이 그림

장서각 로비에는 한국 문화의 디지털화를 상징하는 대형 발광다이오드(LED) 패널이 걸려있다. 역동적인 사진과 그림들이 교차되며 생동감을 더한다. 풍수갤러리는 그림이나 사진을 통해 풍수적 결함을 보완하는 패러다임의 전환으로 볼 수 있다. LED를 활용한 패널이나 액자는 매우 훌륭한 풍수 교정물로 활용될 수 있을 것 같은 착상이 일었다. 여기에 꽃이나 다양한 색조, 산수, 풍경의 그림을 입력하면 동시에 빛 교정의 효용을 더할 수 있을 것이다.

예고 없는 방문에도 금세 말쑥한 차림새의 이완우 관장과 임직원들이 정 원장을 맞이했다. 이 관장의 안내로 자료실과 서고 내부를 보게 됐다. 차분하고 학구적인 분위기다. 이곳 폐가식 서고에서 어느 직원이 조심스레 운반해 온 `산릉도감의궤(山陵都監儀軌)`를 직접 보게 됐다.

의궤는 조선시대에 왕이나 왕비의 능을 조성하는 데 필

요한 모든 의식·절차와 행사의 경위 및 전말 등을 기록한 책으로 현재 국내외에 모두 28종이 전해진다고 한다. 이 중 3종을 대략 보게 됐는데 주로 전장에 그려진 사신도(四神圖: 청룡·백호·주작·현무 등 네 방위를 맡은 신의 그림)를 구경했다. 이때 서책은 형광 조명 아래 흰 장갑을 끼고 매우 조심스럽게 다뤄야 한다.

주로 호랑이 그림이 눈에 띄었는데 민속의 범 이미지나 호랑이 그림은 풍수인테리어와 관련이 깊다. 정 원장과 같은 말띠에게 호랑이는 장생(長生)에 해당되는 동물로 행운의 기물로 활용될 수 있다. 반면 잔나비띠나 쥐띠, 용띠에게 호랑이 그림은 겁살(劫煞)에 속하므로 궁합이 맞지 않다.

절체절명의 위기에서 구해주는 인연은 장성의 띠를 가진 사람

앞에서 건물의 현관 방위와 정 원장의 생년 띠로 인연의 깊고 얕음을 논했는데 독자들도 쉽게 응용하고 체감할 수 있는 실용 가치가 높으므로 이번 기회에 정리해 보겠다.

먼저 본명(本命)은 목화금수(木火金水)의 네 가지 그룹으로 나누는데 돼지띠와 토끼띠, 양띠는 목명(木命)에 배당하는 식이다. 명을 구분하면 다음과 같다. 범띠와 말띠, 개띠는 화명(火命)이다. 뱀띠와 닭띠, 소띠는 금명(金命)이고 잔나비띠와 쥐띠, 용띠는 수명(水命)이다. 각 그룹의 중간띠에 해당하는 글자는 각 기운의 가장 강렬한 세력을 띠게 되는데 이를테면 화명의 범띠와 말띠, 개띠에서 말에 해당되는 오(午)의 글자가 화기(火氣)를 대표한다. 이런 글자를 두고 왕지(旺地) 내지 장성(將星)이라는 살성(煞星)으로 표현한다.

다시 말해 돼지·토끼·양띠에 해당하면 卯가 장성이고 범·말·개띠라면 午가 장성이다. 뱀·닭·소띠 생은 酉가 장성이고 원숭이·쥐·용띠에겐 子가 장성이다. 이때 卯는 동쪽, 午는 남쪽, 酉는 서쪽, 子는 북쪽 방위에 속한다. 시계의 12시 방향을 정북(正北)에 맞추었을 때 돼지·토끼·양띠에 해당하면 3시, 범·말·개띠는 6시, 뱀·닭·소띠는 9시, 원숭이·쥐· 용띠는 12시 방향이 장성에 속한다.

장성이란 이른바 삼합의 중간 글자로 사령부와 같다. 사령부는 전방에 두는 것이 아니라 후방에 두는 게 원칙이다. 그래서 건물의 현관이 장성 방향으로 나면 인연이 길게 가지 않는다. 이를테면 수험생의 생년 띠를 기준으로 진학하는 대학교의 정문이나 본관 현관이 장성 방향으로 나면 합격해도 곧 휴학하기 쉽다. 취업을 해도 오래 가지 않는다.

장성이란 글자 그대로 높은 지위의 우두머리와 같아 쉽게 노출되거나 공격의 대상이 되어선 위태하다는 뜻이 있다. 까닭에 가옥이나 영업장의 대문이 장성 방위로 나면 항시 외부의 위험에 무방비 상태로 놓인 격이라 큰 타격을 입기 쉽다.

집의 대문 방향이나 침실의 방문 방향도 장성 방향으로

나면 본인이나 가족이 질병에 시달리는 경우로 나타날 때가 많다. 의상이나 이불, 요 등이 장성에 해당되는 색상이어도 좋지 않다. 묘(卯)는 오행(五行)의 木으로 청색(靑色)이고 오(午)는 火로 적색(赤色)에 속한다. 유(酉)는 金으로 백색(白色)이고 자(子)는 水로 흑색(黑色)에 속한다.

그러므로 돼지띠가 청색의 옷을 즐겨 입거나 범띠가 적색의 옷을 즐겨 입으면 건강에 악영향을 미친다. 병이나 탈이 나기 쉬울뿐더러 각종 재액(災厄)이 침범하기 쉬우니 삼갈 일이다. 공교롭게도 시험이나 면접 같이 신상에 중대한 일이 있을 때마다 장성의 색상으로 된 옷을 입고 응시하는 경우를 종종 본다. 결과가 좋을 가능성이 희박하다.

장성(將星)에는 양인(羊刃)이라는 성분이 작용한다. 인(刃)은 자신을 지키는 최후의 수단이자 비장의 무기가 돼야 한다. 드러내 놓고 위세를 부리다간 보통 크게 당하기 십상이다. 포태(胞胎)로 장성은 제왕(帝旺)의 자리다. 제왕의 자리는 반드시 후방에 안전하게 위치돼야 마땅하다. 왕이나 장군이 다치면 졸개들은 자멸하게 되는 이치로 장성은 겉으로 드러내선 안 되는 것이다.

사무실이나 영업장의 출입구가 장성 방향으로 나면 망하게 된다. 이것은 매우 중요한 지적이다. 반면 절체절명의 위기에서 구해주는 인연은 장성(將星)의 띠를 가진 사람이다. 장성은 이름을 듣기만 해도 위엄이 있다. 돼지·토끼·양띠에게는 토끼띠가, 범·말·개띠에겐 말띠가, 뱀·닭·소띠에게는 닭띠가, 원숭이·쥐·용띠에게는 쥐띠가 각각 장성의 인연이 된다. 복잡한 법적 문제로 시달리거나 송사에 연루되면 장성의 띠에 해당되는 변호사를 찾아 해결을 시도하는 게 좋다. 사경을 헤매는 사람을 치료해 준 사람은 거개가 장성의 띠에 속하는 의사다.

⑥ 벽초지문화수목원, 박정원 대표

벽초지문화수목원, 박정원 대표

불길한 기를 반사시키는 거울과 유리
재물 성취에 힘을 기울이고 욕심내는 부자의 팔자
색에 따라 달라지는 꽃 풍수
풍수와 연관이 깊은 연꽃

푹푹 찌는 한여름 오후, 나무가 우거진 파주시 광탄면의 벽초지문화수목원(BCJ Gardens)을 찾았다. 여타 수목원과 달리 평원에 있어 접근이 수월한 편인데도 첫 느낌은 유적했다. 도로변의 넓은 주차장이 목적지임을 쉬이 알려

주지만 입구에 높고 길게 늘어진 대흑색의 담장은 벽초지 정원의 풍경을 가리고 있었다. 외부와 잘 교류하지 않는 인상을 준다.

가만 보니 담을 쌓아 올릴 때 쓰인 돌의 검은빛이 예사롭지 않다. 전해 듣기로 보령 남포면의 오석(烏石)을 구해와 지었다고 한다. 오석은 까마귀 깃털처럼 검고 윤기가 난다고 해서 붙여진 이름으로 보령 일대에서만 생산된다.

신라 시대부터 최고급 비석과 벼루를 만드는 데 쓰는 돌로 정평이 났다. 그래서인지 비오는 날 이곳을 찾으면 빗물을 머금은 담벼락의 오묘한 색채로 한결 아취를 자아낸다고 했다.

풍수(風水)에서 검은색은 곧 물로 수기(水氣)에 속하며 재물과 연관이 깊다. 하지만 모든 것을 간직하고 저장하는 속성을 지녀 보통 대문이나 현관에는 잘 적용하지 않는 색상이다.

희소식이나 길한 인연과의 교류를 촉발시키는 활기가 묻히는 까닭인데, 내실을 다지는 측면에선 특장이 있다. 게다가 수기는 목기지모(木氣之母)가 되니 수목원을 잘 보호하고 간수해 남기는 보존적 차원에선 상책일 수 있다. 다만 번화하게 창성하는 데는 일말의 장애 요소가 되므로 개방과 보존이라는 난제에 봉착하기 쉽다.

분홍색 후록수꽃

불길한 기를 반사시키는 거울과 유리

성문처럼 보이는 공원의 문을 여는 순간 바깥과는 다른 세계가 펼쳐진다. 밖으로는 드러나지 않는 내부 공간의 아름다움이 보기에 색다른 데가 있다. 전통적으로 검정색 대문을 고수하는 화이트홀의 영국 수상 관저와 비슷하다. 아름다운 꽃과 솔로 어우러진 풍치는 잔잔한 바람을 일으켜 열기를 식히는 기분이다.

정원의 첫인상은 곱고 깨끗했다. 정문의 좌측으로 살짝 숨었다가 모습을 드러내는 탁 트인 잔디 광장과 연못 건너편의 숲속 별장은 풍요롭고 평화로운 정경으로 마음이 편해진다. 공원은 연못과 나무, 화초가 조화를 이루며 동양식과 서양식 정원의 아름다움을 한눈에 볼 수 있는 이국적 분위기를 연출한다.

못의 이름은 벽초지(碧草地). 간단히 말해 푸른 풀이 있는 연못이라는 뜻인데 물가에 늘어진 풍성한 수양버들 가지와 연못을 가득 덮은 연꽃의 경관은 온통 녹색천지다. 각각의 테마로 조성된 공간 또한 동서양의 명칭들로

섞여 있다.

이를테면 무지개원이나 나래길, 연리지 등의 예스러운 이름들과 채플 돔, 체스 가든, 캐슬 게이트 같은 외어들이 혼용됐다. 이곳의 서양식 명칭은 우리말의 고아한 표현에 비해 상대적으로 격조가 떨어지는 감이 있다.

수목원에 들어서면 BCJ 플레이스라는 간판을 내건 유리 외벽 건축물이 한눈에 들어온다. 정원 전체를 통제하고 관리하는 본부 건물이자 쉼터로 활용되는 곳이다. 지하에는 갤러리가 있고 로비에는 카페, 위층에는 레스토랑 및 연회장 같은 편의시설이 갖춰져 있다. 외벽에 온통 유리를 두른 건물은 여름철에 유난히 더워 '전기 먹는 하마'란 별칭이 붙을 만큼 에너지 효율이 떨어지는 단점이 있다.

간단히 말해 여름철엔 더 덥고 겨울철엔 더 춥다는 얘기다. 하지만 외관이 보기 좋다는 이유로 유리 건물 짓기는 유행처럼 퍼지고 있다. 한편 유리 건물은 꽤 긍정적인 풍수 의미를 지니기도 한다. 거울이나 유리는 외부 환경의 위협적이고 불길한 기를 반사시키고 내부를 보호하는 작용을 하는 까닭이다.

그래서 날로 위압적인 초고층 건물들이 늘어서는 대도시와 같은 환경에서 위협에 노출되는 낮은 건물들은 외벽에 거울을 부착하거나 유리를 둘러 살기를 무력화시키는 대응책을 강구한다. 하지만 수목원 어디에도 이 유리 건물을 위협하는 구조물은 찾아볼 수 없다.

본관 건물은 주변 풍경을 감상하기에는 좋지만 수목원의 미관에 일조하지 못했다는 결론이다. 높은 풍수 점수를 매기기는 어렵다. 다만 건물의 외벽 모서리가 직각으로 모나지 않고 둥근 형태로 건축된 점은 다행한 일이다. 토형(土形)의 가상(家相)에 원형의 금기(金氣)로 상생돼 안정감은 특별하다.

박정원 벽초지문화수목원 대표. 신미(辛未)의 재고귀인(財庫貴人), 부명(富命)으로 완고한 성정이 특징이다.

재물 성취에 힘을 기울이고 욕심내는 부자의 팔자

본관의 1층 휴게실 뒤편 가장자리에 위치한 집무실에서 수목원의 박정원 대표와 대담을 나눴다. 첫눈에 느껴지는 인상은 차분하고 강직해 보였다. 낮은 목소리를 침착하게 이어가는 모습은 모진 굴곡을 겪어도 꺾이지 않는 강한 기세를 내포한다. 원숙한 유연함이라기 보단 어떤 유혹도 이겨 낼 꼿꼿한 정신에 가까운 기운이다.

박 대표는 1947년 정해(丁亥)생으로 환갑을 훌쩍 넘긴 나이다. 10년의 세월을 뚝심으로 준비해 2005년 가을경에 수목원을 개원했고 현재도 여전히 조용한 열정을 수목원에 쏟아 붓고 있다.

박 대표는 갑진(甲辰)월, 신미(辛未)일, 경인(庚寅)시에 태어났다. 갑목(甲木)은 팔자에 뚜렷하게 투(透)하여 드러난 재(財)의 성분으로 '재물과 처, 건강'을 주관하는 용신(用神)의 생명과 같은 글자다. 여기에 을목(乙木)의 기를 암장한 미토(未土)의 재물 창고가 더해져 재물의 성취에 힘을 기울이고 욕심을 내는 부자의 팔자로 두터운 재복(財福)을 타고났다.

경남 함양 출신의 박 대표는 29세 때 서울에서 양화점을 시작한 뒤 20년 동안 다양한 서비스업을 해봤다고 한다. 1990년대 초반이 전성기. 경기도 부천과 대구 등에서 스포츠센터와 관광호텔 등을 운영했고 인천에서는 1400가구가 넘는 아파트를 성공적으로 분양하기도 했다고. 다만 왕자입묘(旺者入墓)라, 팔자에 재물 창고가 있는 가운데 강력한 재물의 글자가 드러나면 때에 따라 크게 재산이 산실(散失)되는 우여곡절을 겪게 마련이다.

큰 재산을 잃지 않으면 반드시 처궁(妻宮)의 우환이나 치명적인 질환이 따라붙는다. 팔자명리(八字命理)는 명운(命運)에 담긴 이러한 이치를 물상대체(物象代替) 내지 상보(相補) 관계로 표현한다. 그래서 크게 손재해도 그나마 건강이 무탈해서 다행이라는 생각을 품게 된다.

또 처가 집을 나서면 덕분에 재산이나 건강을 지킨 셈으로 친다. 명(命)을 아는 자, 하늘과 타인을 원망하지 않는 이치가 바로 이런 사고방식에서 비롯되는 것이다. 박 대표의 팔자는 재고(財庫)인 미토(未土)를 타격하는 축(丑)이나 술(戌)의 시점에 삼형(三刑)이 성립돼 법적 송사(訟事)를 야기하며 산재(散財)하는 경우가 많다. 재물 창고가 열리면서 가진 재산을 이리저리 써서 없애 버린다는 뜻이다.

아니나 다를까 1999년 정축(丁丑)년이 크게 불운했다. IMF 경제위기 때를 전후해 투자했던 기업들이 도산하면서 수천억 원에 달하던 재산을 다 잃었다는 것이다. 사업이 망한 뒤 지금껏 송사에 시달리고 있을 만큼 여파가 매섭고 독했다. 상심이 깊었던 시기에 지금의 수목원 별장으로 들어와 심신을 달래다가 문득 소나무에 마음이 사로잡혔단다. 실패하고 보니 "변치 않는 나무가 바로 내 재산이구나"하는 생각이 들었다고 한다.

20년 동안 돈만 악착같이 벌다가 이내 나무와 돌에 미치기 시작한 것이다. 1996년부터 농장 주변에 흉물처럼 흩어져 있던 축사를 사들이고 전국을 돌며 소나무와 자연석 등을 모았다. 정원 곳곳에 숭숭 구멍이 난 시커먼 현무암도 꽤나 인상적. 그는 소송에서 일부 승소해 들어온 돈마저 고스란히 수목원에 투자해 왔다. 융자까지 보태 지금까지 투자한 비용이 대략 300억원이 넘는다.

수목원 정문을 들어서면 곧바로 굴절된 모양의 두 그루의 노송과 대면하게 된다. 300년이 넘는 세월의 한파를 이겨낸 소나무가 심겨진 정원은 빛솔원으로 명명돼 수목원의 상징이 됐다.

어떻게 보면 이들 소나무는 불굴의 집념과 끈기로 인고의 세월을 버텨낸 주인장의 자화상이라고도 할 수 있다. 굴곡은 졌지만 꺾이지는 않은 소나무의 강한 기상이 느껴진다. 물형으로 갑목(甲木)에 비유되는 소나무는 박 대표에게 생명과 같은 용신(用神)의 의미가 있다. 사업이 무너진 뒤의 절망감을 소나무를 통해 이겨낸 셈이 됐다.

색에 따라 달라지는 꽃 풍수

벽초지수목원은 12만㎡(약 3만6000평)의 평지에 소나무와 지리산 주목, 각종 야생화 등 1400여 종의 식물과 자연석이 장관을 이룬 정원으로 요약할 수 있다. 특히 호화스런 사계절 꽃의 향연으로 유명세를 타면서 각종 드라마와 CF 촬영의 명소로 부상했다.

풍수에서 꽃은 특별하다. 아름다운 꽃은 행복을 날라주는 힘이 있다. 꽃 풍수는 보통 크기나 색채에 따라 음양(陰陽)과 오행(五行)을 구분해 밸런스를 맞추는 식으로 활용된다.

예컨대 해바라기나 수선화, 민들레 같이 노란색 계열의 꽃은 토(土) 기운에 속해 금(金)의 금전운을 높이는 데 응용한다. 이때 해바라기는 양(陽)에 속하고 수선화나 민들레는 음(陰)에 속해 전자는 재정의 원활한 운용이나 융통, 후자는 주로 저축이나 재산 증식 등의 의미와 연계된다.

장미나 튤립 같은 붉은색의 꽃은 대개 양화(陽火)의 기운으로 건강과 활력, 번영의 파워를 지닌다. 핑크색의 벚꽃이나 카네이션은 인연을 불러들이는 기운이 담겨 애정운을 고양시킬 때 주로 쓰인다. 주홍색의 팬지나 히비스커스는 사교의 꽃이다. 목(木) 기운의 보라색 제비꽃이나 파란색 나팔꽃 등은 창의와 성장의 에너지를 나타낸다.

공간의 동쪽이나 남쪽 영역에 두면 번영을 가져온다. 싱싱한 초록의 관엽식물도 적용법이 같다. 백합과 같은 흰색의 꽃은 금기(金氣)에 속하여 이성과 결단성을 키운다.

사교에서도 수직의 인간관계에 적용된다. 꽃 풍수의 상식으로 꽃이나 화분을 침대 가까이 두는 것은 좋지 않다. 적어도 반경 1m를 벗어나야 한다. 꽃 자체가 주변의 생기를 흡수하는 까닭인데 피지 않은 상태의 난이나 식물은 가까이 둬도 무방하다.

대개 공간의 구석진 곳이나 모난 곳에 사기(死氣)가 조성되는데 이런 곳에 화분이나 꽃을 두면 해로운 기운을 흡수해 정화하는 작용이 있다. 효능 면에서 생화가 가장 뛰어나지만 조화도 기대 이상의 효과를 낼 수 있다. 꽃그림이나 꽃무늬도 같은 맥락에서 활용된다. 기분을 좋게 하는 사물이나 소품은 다 같이 좋은 풍수의 뜻을 담기 때문이다.

이국적 정취를 자아내는 서양식 정원. 마치 신화의 땅 아테네에서 신비로운 옛이야기를 만난 느낌이다.

퀸즈 가든의 우측 편으로 놓인 오색길을 따라가면 조각공원으로 향하는 유럽식 정문인 BCJ 성문(城門)이 나타난다. 이 부근에 유럽식의 호사스런 공원이 조성됐다. 성문에서 그린하우스로 이어진 좁은 통로에는 그리스신화에 등장하는 백색의 조각상과 스탠더드 장미가 늘어서 맑고 깨끗한 흥취를 자아낸다.

푸른 잔디가 가득한 정원의 중앙에는 유럽식 분수대가 있고 그 너머로 허브가든과 워터가든, 원형 지붕 형태를 갖춘 채플돔이 위치한다. 이 주위로 물방울가든, 음표가든, 체스가든 등이 흥미롭게 조성됐고 멀리 보이는 자작나무숲도 볼만하다.

성문에서 바라볼 때 정원의 우측 편에는 신상(神像)이 모인 제우스가든과 허브를 주제로 한 자연체험학습장이 자리한다. 끝자락에는 야외 웨딩가든도 구색을 갖춰 드라마 촬영지로 최적이라는 생각이 절로 든다.

공원에는 분수대나 워터가든과 같이 물을 주제로 한 공간이 적지 않다. 여기에는 구형의 검은색 큰 돌이 떡하니 놓여 있는데 물이 나오면 스스로 돌아가는 형태로 설계됐다. 하지만 아쉽게도 서양식 정원에선 물을 구경할 수 없었다. 분수나 돌은 작동되지 않고 멈춘 상태로 정지돼 있다.

풍수에서 물은 곧 돈을 의미한다. 한마디로 물이 좋으면 재운 또한 상승한다는 얘기다. 건물의 현관 밖에 분수대를 설치하면 대개 길하다. 그러나 건물 내부에 분수대를 설치하면 좋지 않을 경우가 더 많다. 분수보다는 위에서 아래로 흐르는 폭포의 활수(活水) 형태가 최적이다.

최근에는 건물 앞에 설치한 인공 폭포나 워터스크린(water screen) 등을 자주 볼 수 있는데 좋은 배치는 현관에서 마주 볼 수 있도록 하는 것이다. 특히 계단식으로 물이 고였다 흘러넘치는 식이 가장 좋다. 계단식 인공 폭포는 위에서 아래로 물이 흘러 다시 아래의 연못으로 들어간다. 연못이 가득 차면 이 물이 다시 높은 곳으로 흘러가 순환하게 된다. 이렇게 물이 위에서 아래로 끊임없이 순환하면 재물의 원천이 끊이지 않는다.

물이 세차게 치솟거나 소리가 크면 사나운 기상이 돼 급속하게 재산을 잃게 될 우려가 있다. 정원의 큰 돌은 자칫 혼사를 방해하는 요소가 되기도 한다. 딱딱한 돌은 그 성질이 음(陰)에 속하므로 앞뜰에 커다란 돌을 놓아두는 것은 좋지 않다. 특히 현관 앞에 커다란 돌을 놓아두면 재운(財運)을 가로 막고 사건사고를 야기하는 요인이 된다. 그러나 뒤뜰이나 집의 양쪽에 커다란 돌을 두는 것은 괜찮다. 만약 돌이 사람이나 동물의 형상을 하고 있다면 불리하다.

풍수와 연관이 깊은 연꽃

하이라이트는 벽초지다. 수목원의 문패로 정해졌을 만큼 그림 같은 연못이다. 연못가에는 파련정이라는 아담한 육각정자가 제법 운치가 있게 자리 잡아 고풍스런 분위기를 더한다. 바로 이 정자에서 장년의 유명 가수 두 명이 "씹고 뜯고 맛보고 즐기고…"라고 대사하는 모 제약회사의 광고가 제작됐다.

인위적으로 조성된 벽초지 하나만 봐도 이곳의 주인장이 정원 가꾸기에 얼마나 세심한 열성을 기울였는지 짐작이 간다. 흔히들 수련을 한자로 수련(水蓮)이라 쓰기 쉬운데 수련(睡蓮)이 맞다. 햇빛이 환한 낮에만 피고 밤에는 꽃송이를 오므리고 잠이 든다고 해서 자오련(子午蓮), 또 오후 세시 전후인 미시(未時)에만 꽃이 핀다 해서 미초(未草)라고도 부른다. 그래서 이름에 졸음 수(睡)자가 들어갔는지도 모르겠다. 이날 필자는 타이밍을 놓쳐 연꽃의 개화를 보진 못했다.

연꽃은 풍수와 연관이 깊다. 이를테면 형국론(形局論)에 종종 거론되는 연화부수형(連花浮水形)이나 연화출수형(連花出水形)과 같은 용어는 물 위에 뜬 연꽃의 모습을 말한다. 교과서적으로 물이 사방으로 둘러싸 가옥을 한 바퀴 돌아 나가면 연꽃형의 길지로 보는데 보통 평탄한 지형이면 연화부수형이 되고 경사면을 이루면 연화도수형(連花到水形)으로 구분한다.

연꽃은 오성으로 화성(火星)에 속하며 민간에서는 가운데 씨방에 씨가 많아 풍요와 다산의 상징으로 여겼다. 더러운 물속에서도 고결함을 잃지 않는 특성으로 이런 곳에서는 출신이 한미해도 출셋길에 올라 고귀한 인물이 될 수 있는 길지의 형상으로 봤다. 서울의 봉원사와 전남의 실상사는 연화부수형의 대표적 명당 터로 알려져 있다. 이곳에는 다 연못이 있다. 연꽃은 불교의 꽃이라고 말할 수 있다. 세 가지 이유에서다.

첫째, 처염상정(處染常淨). 연꽃은 더러운 곳에서 피어나도 더러움에 물들지 않고 항상 청정한 자태를 나타낸다. 불가에서 부처는 곧 연꽃에 비유됐다.

둘째, 화과동시(花果同時). 이 말은 꽃과 열매가 동시에 맺힌다는 뜻인데 원인과 결과가 늘 함께 한다는 불교의 진리를 설명한다.

셋째, 종자부실(種子不失). 연꽃의 씨앗은 결코 사라지지 않는다. 물속에 떨어진 연꽃 씨앗은 오랜 세월이 지나도 썩지 않고 있다가 인연이 닿으면 언젠가는 반드시 움터 꽃을 피운다는 불성을 상징한다. 풍수 인테리어 분야에서도 연꽃 모양의 향로나 문양, 연꽃을 담은 수반(水盤) 등은 재운(財運)의 고양이나 후손의 번영을 꾀하는 의미로 활용되는 소품군에 속한다. 풍수에서 물은 정원을 꾸미는 중요한 요소 중 하나다. 집 마당에 우물이나 못을 파는 게 매양 좋은 게 아니다. 오히려 크게 흉할 때가 많다. 또 보통의 가옥에서 연못을 조성하기란 쉽지 않은 얘기다. 이때는 큰 돌을 파서 물을 부어 쓰도록 만든 석기인 석조(石槽)로 대신하면 훌륭한 풍수 처방이 된다.

석조에 물을 담아 두거나 연꽃을 피우면 규모의 조화로 해로움이 없고 이로움만 있다.

⑦ 조원표 이상네트웍스 대표

조원표 이상네트웍스 대표

번영과 운의 상승기운, 오렌지색

현관 앞 넓은 공간은 재신(財神)

엘리베이터 출입구와 면한 구조는 불리한 가상

도시 풍수에서 산은 건물, 물은 도로로 본다. 도심지의 스카이라인과 도시 이미지가 바뀌어 간다는 말은 곧 풍수가 변한다는 얘기다. 서울 금천구의 풍수도 크게 변했다. 1960년대에 국가산업단지로 지정돼 섬유·봉제산업 위주의 업체들이 모여 있던 구로공단이 2000년 12월 서울디지털산업단지로 명칭을 바꿨다.

구로산업단지 첨단화계획에 따라 고부가가치 첨단·정보지식형 산업을 유치한 결과 2000년대 중반부터 IT벤처타운으로 급속히 성장했다. 이곳은 상전벽해라 표현할 만큼 변화가 놀랍다.

출근시간에 100개가 넘는 빌딩에 1만 기업, 13만 직장인이 지하철에서 쏟아져 나오는 모습이 일상을 이룬다. 금천구 가산동에 본사를 두고 있는 (주)이상네트웍스는 기업 간(B2B) 전자상거래 전문기업. 2000년 3월 (주)애니스틸닷컴으로 설립돼 2003년 현재의 상호로 변경됐다. 2004년에 대표이사로 선임된 조원표 대표는 이듬해 9월 회사를 코스닥에 등록했다.

2008년 (주)경향하우징을 합병, '오프라인 컨벤션과 e-커머스의 통합'이라는 새로운 비즈니스 모델을 선보이며 2년 연속 '아태지역 200대 중소기업'에 선정(Forbes Asia)된 바 있다. 이만하면 비교적 현저한 발전을 거듭해 왔다고 볼 수 있다.

사무실 내부의 녹색은 성장, 주황색은 번영과 화합의 의미가 있다.

번영과 운의 상승기운, 오렌지색

본사 2층에 자리한 집무실에서 대면한 조 대표는 다부지고 스마트한 인상을 풍겼다. 관상으로 보자면 광대뼈를 중심으로 얼굴의 아래쪽 턱 부분이 단단한 상. 무서운 추진력을 갖춘 인사의 전형인데 무엇보다 이 사람은 눈이 좋다. 총기가 충만하고 일찍 두각을 드러냈을 법한 용모다.

정미(丁未)생의 조 대표는 경북 영천 출신으로 서울대학교 정치학과를 졸업하고 동 대학원에서 정치학 석사학위를 받았다. 기업인 이전에 기자의 이력이 있다. 임인(壬寅)월, 계해(癸亥)일, 임술(壬戌)시에 태어나 팔자는 식신격(食神格)의 구조를 갖췄다.

식신이라는 성분은 일원(日元)의 힘을 누설하지만 순생(順生)이라 해서 최선의 봉사와 성의를 다해 정당한 보수를 받는 현상으로 나타난다. 식신은 의식주를 보증하는 길성으로 재물을 생하여 녹봉을 받아 가족을 부양하는 긍정적인 효과를 보기 쉽다. 대개 심성이 넓고 후

덕하며 베풀기를 좋아하고 풍류적 기질과 구덕(口德), 먹는 즐거움은 타고 난다.

계해(癸亥)일의 해수(亥水)는 망망대해와 같아 이 사람은 무한한 잠재력을 갖춘 위인으로 해외를 제 집처럼 누비기 쉽다. 외유내강에 천문의 수양을 갖춰 환대를 받는 인물이다. 하지만 사정이나 형세가 걷잡을 수 없을 만큼 급작스럽게 전개돼 급격히 추락할 때가 있다.

회사가 설립된 2000년은 경진(庚辰)년이고 이듬해는 신사(辛巳)년으로 이 두 해는 모두 금기(金氣)가 주관하는 계절로 볼 수 있다. 조 대표의 식신 성분은 인목(寅木)으로 이때는 금극목(金克木)의 우여곡절을 겪을만한 시기로 볼 수 있다. 의식(衣食)에 타격을 주니 살림이 줄어들기 마련이다.

혹자는 목(木), 식신을 용신(用神)으로 삼는 팔자에 철강이라는 금(金)의 물상이 이 사람에게 불리한 사업 재료라는 평가를 내릴 수도 있다. 하지만 이것은 팔자명리를 잘 몰라서 하는 얘기다.

차명(此命)의 팔자에 재(財)는 인중병화(寅中丙火)로 이 글자는 신금(辛金)이라는 글자와 합생(合生)한다. 결국은 금속이 돈이 되는 재료가 된다는 말이다. 게다가 IT 분야는 화(火)에 속하는 업종으로 '철강 이마트'를 만들자는 생각으로 설립한 기업은 팔자의 암신(暗神) 작용이 운명적으로 표출된 양상으로 볼 수 있다.

오행(五行)으로 화(火)의 재(財)는 붉은색의 색상으로 구현된다. 이 회사의 CI 로고는 오렌지색이다. 사무실 내부 인테리어도 오렌지색으로 포인트를 줬다. 풍수에서 이 색상은 기운을 고양시켜 번영을 가져오며 조직의 운을 상승시키는 긍정적인 작용을 하는 것으로 본다.

현관 앞의 주차장 마당 공간은 돈을 부른다.

현관 앞 넓은 공간은 재신(財神)

지난해 경인(庚寅)년과 올해 신묘(辛卯)년 역시 10년 전과 마찬가지로 경신(庚辛)의 금기(金氣)가 주도하는 운기다. 아마도 근래에는 일말의 위축감을 느꼈을 법도 하다. 내년 2012년은 임진(壬辰)년으로 임수(壬水)는 귀인의 출현을 암시한다. 임(壬)의 글자는 팔자에 구성된 술(戌)과 미(未)라는 글자에 숨은 정화(丁火)라는 재신(財神)을 비출(比出)해 펀딩이나 실질적 소득과 같은 실제적 성과를 일구는 강력한 동인으로 작용한다.

명국(命局)에서 생시의 임술(壬戌)은 좋은 배합이다. 계수(癸水)와 임수(壬水)가 나란하면 마치 바다에 내리는 비의 모습과 같아 천진지양(天津地洋)의 상을 이루니 종래 주변의 성원과 조력에 힘입어 순조롭게 대업을 이루게 된다.

또 내년은 전격적인 신상의 변동수를 예상해 볼 수도 있다. 원래 이 팔자에는 관록의 성분인 토기(土氣)의 글자가 두드러지지 않는다. 따라서 청년기에 관운(官運)은 기대에 미치지 못한다. 엄밀히 관록의 성분이 현저하게 투(透)하지 않았을 뿐이지, 아예 없는 것은 아니기 때문에 조직과 단체의 고위직과 인연하는 것을 부정할 수는 없다.

그런데 지금의 대운(大運)이 무술(戊戌) 정관(正官)의 운이므로 팔자가 정관격으로 변격(變格)됐다. 나이 38세 이후로는 점진적인 직위의 상승이 이어진다. 또 48세 이전에 지금의 위치와는 성질이 다른 두터운 관록을 실감할 수 있을 것으로 여겨진다.

상황이 이러하면 내년 임술(壬戌)년에는 술미형(戌未刑)의 작용으로 현재의 자리에서 일종의 구설이 동반된 자리 이동의 공산이 크다. 결론하면 발전적 변동이다. 다만 얼마 남지 않은 기간에 국한되므로 전격적인 신상의 변화는 자제할 필요가 있다는 생각이다.

이 회사의 본사 사옥은 'L'자 구조로 지어졌다. 현관을 마주보고 중앙의 본관 좌측으로 주차건물이 돌출돼 있다. 이 같은 경우 정방형의 안정된 모양에서 빠져나간 귀퉁이를 형성하게 되는데 여기에는 보통 가로등을 설치해서 풍수적 결함을 보완하는 게 정석이다.

보통 불균형을 교정하고 기를 활성화하는 수단으로 조명을 이용하는 방법보다 좋은 것도 드물다. 그런데 요행

스레 본관의 좌측으로 마치 주차건물과 짝을 이룬 듯한 비슷한 규모의 오래된 건물이 자리 잡고 있다. 상서로운 징조다. 건물의 좌우 구조물이 약간 앞으로 튀어나오면 마치 팔걸이의자에 편하게 앉은 형상으로 보고 특히 길한 가상으로 여긴다.

한편 건물 앞의 전경이 트여 있고 건물 뒤의 산이나 높은 건물이 배치된 경우라면 도시에서 가장 좋은 입지의 가옥으로 볼 수 있다. 밖에서 건물을 바라볼 때 건물의 왼쪽은 청룡이고, 오른쪽은 백호가 되어 이들이 조화를 이루면 더할 나위 없는 복가(福家)로 간주한다. 또 현관 앞의 널찍한 주차 공간도 좋은 풍수. 도로나 인도에 접해 있는 건물이 뒤로 물러나 있으면 정문 앞에 공간이 생기는데 이 공간은 많은 인파를 쉽게 모이게 한다.

풍수에서는 이를 두고 '재신(財神)을 불러 온다'고 한다. 건물 소유주 입장에서는 이 공간이 손해라는 생각이 들 수도 있지만 풍수학적 견해로 보면 결과적으로 가치 있는 것으로 여긴다. "버리는 것이 있으면 얻는 것도 있다"는 말이 여기에 속한다.

유심히 살펴보면 장사가 잘 되는 큰 상가나 백화점 등의 정문 앞은 모두 도로에서 약간 안쪽으로 들어가 있음을 발견할 수 있다. 이와 반대로 건물의 정문이 인도나 도로에 근접해 있으면 복신(福神)이 정문을 통과하기에는 편리하나 머물지는 않는다. 잠시 목돈을 취급하는 정도에서 끝날 수 있다고 보는 것이다. 이런 이유로 정문이 도로 쪽으로 볼록하게 튀어나온 형세는 기피 대상이다.

또 문 앞이 상품이나 잡다한 물건, 자동차 등으로 막혀 있다면 재물의 기운이 안으로 들어오지 못하고 밖에 머문다는 해석을 내리기도 한다. 이상적인 건물은 기(氣)의 흐름이 건강한 인체의 혈액순환처럼 유연하게 흐르기 마련이다.

엘리베이터 출입구와 면한 구조는 불리한 가상

사옥의 내부는 전반적으로 화사하고 세련된 느낌이다. 녹색과 주황색이 적절히 배합된 공간 내부는 첨단을 걷는 기분이다. 녹색은 성장, 주황색은 번영과 화합의 의미가 있다. 로비의 높은 천장은 기의 활성화를 도모한다.

풍수에서 높은 천장은 사람에게 높은 이상을 갖게 하고, 낮은 천장은 현실적이며 물질적인 가치를 추구하는 것으로 본다. 현관 로비와 함께 1층의 탁 트인 식당 공간도 인상적이다. 로비에서 건물 가운데 놓인 엘리베이터를 타고 오르면 2층의 본격적인 사무 공간이 한눈에 들어온다. 전반적으로 채광이 좋고 밝은 분위기라 긍정적인 기운이 감돈다.

그런데 엘리베이터의 출입문이 정면으로 향한 곳이 CEO의 집무실 출입구다. 엘리베이터의 출입구는 열리고 닫히는 작용이 반복되어 풍수에서 이 문은 호구(虎口)에 비유될 정도로 가상의 적과 같은 구조로 취급된다. 그래서 아파트나 오피스텔의 현관이 엘리베이터의 출입구와 면하는 구조는 불리한 가상으로 여긴다.

필자가 조 대표에게 이 점을 지적하고 집무실의 출입구 위치를 변경하거나 또는 출입구 천장에 크리스털 구(Crystal Ball)나 풍경 등을 달아 해로운 기운을 해소할 필요가 있다는 조언을 했다.

이외 패널 등의 칸막이를 엘리베이터 출입구 앞에 설치하는 것도 하나의 방편이다. 즉각 조치할 필요가 있다. 콕 짚어 가리킬 문제가 하나 더 있었다.

공간의 천장에 맞닿아 가지를 뻗은 나무다. 내부 공간에 싱싱한 관엽 식물을 두는 것은 몹시 효과적인 풍수 처방이다. 하지만 풍수에서 소품의 응용은 본말이 전도되지 않도록 각별히 주의해야 한다. 지나치게 크거나 색상이 강렬한 도구는 에너지를 보태는 수단이 아니라, 기운을 빼앗기는 결과를 초래할 공산이 크다.

이를테면 너무 화려한 침대 커버가 부부의 애정운을 감소시키는 수가 있다. 오히려 배우자의 바람기를 자극하는 것이다. 피로와 스트레스로 지친 배우자의 기운을 고양시키려면 침실 한쪽에 적당한 싱싱한 관엽식물을 두는 게 효과적이다. 녹색 계열의 화분은 부부의 애정지수를 상승시킨다. 그런데 관엽식물이 키 높이 위에 있다면 오히려 부부 다툼이 잦아질 우려가 있다.

특이하게도 조 대표의 집무실에는 책상이 없고 회의용 탁자만이 놓여 있었다. 얼핏 격식에 얽매이지 않고 실용적 측면을 강조해 참신한 맛이 느껴지기도 했지만 풍수는 리더 고유의 권위나 침묵도 중요시한다. 적절한 조화가 필요하다.

CEO는 아무 곳에나 앉아서도 안 된다. 반드시 견고한 벽을 등지고 앉아야 한다. 책상의 모양과 질도 중요하다. 가급적 직사각형의 형태로 모가 나야만 정상적인 형태로 볼 수 있다. 모가 없으면 문제를 일으킬 소지가 있다고 본다.

가장 대표적인 사례가 하극상인데 타원형의 책상은 권위가 축소되는 경향이 있다. 책상 앞면과 측면의 패널은 바닥까지 내려와 다리가 노출되면 안 된다. 네 다리만 있는 책상은 공격에 취약해 좋지 않다.

의자도 책상 못지않게 중요하다. 좋은 의자는 자리와 등받이 사이에 빈틈이 없어야 한다. 의자의 가격과 질에 관계없이 빈틈이 있으면 업무에서나 출세 면에서 부정적인 영향을 미친다. CEO의 의자 등받이 높이는 최소한 어깨 위만큼은 높아야 한다.

이수(이지승)

한국을 대표하는 세계적 명리학자

이수의

CEO 풍수 갤러리

초판 1쇄 2013년 3월 26일
지은이 이 수
펴낸이 장석홍
펴낸곳 도서출판 장서원
주소 서울 용산구 남영동 7-1 (201호)
전화 703-5362 팩스 797-5362
등록 제 03-01213호
E-mail shjang1011@hanmail.net
정가 20,000원